本物施設をつくる一点集中の介護経営

砂賀裕一
SUNAGA YUICHI

幻冬舎MC

はじめに

介護業界全体に、人手不足が大きな課題として横たわっています。

公益財団法人介護労働安定センターの「令和3年度　介護労働実態調査」によると、約9000事業所を対象としたアンケートで、介護職員の不足を実感しているという回答が64・4％を占めました。さらに、65歳以上の職員を雇用している事業所が68・0％であり、職員の高齢化問題も今後に影を落としています。団塊の世代が後期高齢者になる2025年、さらには団塊ジュニアが高齢者となる2040年を控え、介護人材の不足は今後さらに深刻化すると考えられます。

介護職員の人手不足は経営にさまざまな影響を及ぼします。人手不足の状況では介護職員一人ひとりに業務の負担が重くのしかかり、サービスの質は低下します。また、教育する人や時間がなければ、経験の浅い介護職員に対して、接遇・介護のスキルや正しい介護の仕方などがまともに指導できず、介護事故につながります。

しかし、恒常的に人手が不足しているのにもかかわらず、サービスの質より利益を追求し、多拠点展開でスケールメリットを出そうと考える経営者があとを絶ちません。

こうした状況では、生活を支えて守り、意思を尊重し尊厳を守ることで利用者を幸せにするという介護の本質とはかけ離れたものになってしまいます。介護事業の経営者一人ひとりが介護のあるべき姿を考え直し、理念を掲げて経営をしていかなければ、介護業界を立て直すことは不可能だと私は考えます。

私は20代で経験した祖父の介護をきっかけに介護施設で働き始め、介護のすばらしさに魅せられて、自分の理想の施設をつくりたいと考えるようになりました。そして「関わるすべての人が幸せになる介護施設をつくる」という理念を掲げてデイサービスを設立し、それ以来この一事業一施設のみにこだわり続けています。なぜなら私の理念を現場で働くすべての従業員に浸透させ、利用者一人ひとりの心に寄り添ってこそ、事故を防ぎ、質の高いサービスを提供できると考えているからです。事業を広げずあえて一施設に絞ってこそ、関わるすべての人を幸せにする〝本物施設〟が実現できると信じています。

私の施設では、従業員主体の評価制度や各人の資質に合わせた個別研修によって従業員の意識を高め、離職率が高いとされる介護業界で設立後8年間離職ゼロを誇っています。

また利用者に寄り添った質の高いサービスを提供するのはもちろん、地域を巻き込んだイベントを開催するなど地域住民との交流を活発に行い、評価が口コミでどんどん広がることで、常に利用者は定員を満たしています。採用にも広告にもコストがかからないこともあって、ほかに手を広げずとも黒字経営を続けています。今では、評判を聞いた同業者たちが全国から視察に訪れる施設にまでなりました。一点集中の経営による〝本物施設〟を目指してきた結果、利用者とその家族、ケアマネジャー、従業員、そして経営者である私も含めて、関わるすべての人を幸せにするという私の想いが叶ったのです。

本書では、一点集中の経営に対する私の想いや考え方を交えつつ、真に利用者を幸せにする〝本物施設〟をつくるために私が行ってきたさまざまな施策を明らかにしています。

理念ファーストの経営者と、本物の介護ができる施設が増えることで、幸せになる利用者やその家族は必ず増えていきます。幸せは大きな輪となり、介護業界の抱える問題を解消し、発展につながると信じています。

本物施設をつくる　一点集中の介護経営　目次

[第1章] 介護事故、利用者への虐待、人材不足が招く質の低いサービス……

［序章］

加速度的に変化する介護業界

みかん色のだるま

私が生まれ育ったのは群馬県の高崎市です。高崎市は、だるまの生産量が日本一で、だるまはこの地域の人たちにとってなじみ深い縁起物として愛されています。その高崎市の隣にある群馬県の前橋市に、私がつくった通所介護施設「デイハウスみかんの花」はあります。

施設の中にもだるまがたくさん飾られているのですが、このだるまは、ほかではあまり見ることのないみかん色をしています。

施設運営なんてやったこともなかった私が、祖父の介護をきっかけにホームヘルパー2級の資格を取って老人ホームで働き出したのは２００６年、それから5年後にろくにお金もないのに、自分の理想とする介護を目指してつくったのが今の施設です。

創業時に、私が以前勤めていたデイサービスから一緒に移籍してくれた利用者がいました。たった3回の利用で天国に旅立ってしまったのですが、送迎時に利用者の息子さんから「母親がお気に入りだったお寿司屋さんに立ち寄ってもらえないか」という相談を受けました。自家用車では、母親を車椅子のまま乗せることができなかったからです。

家族の思い出が詰まった地元のお寿司屋さんだったのでしょう。母親に残されている時間が少ないことを誰もが感じているなかでの相談でした。

息子さんの母親への思いを叶えてあげたいと、私は強く思いました。しかし、公的な介護保険による介護サービスでは、送迎車の私的な利用は許されていません。

そこで私は一度自宅へ送り届けてから、それ以降は私のプライベートの時間――介護保険による介護サービスではなく私の気持ちとして、母親と息子さんをその店に連れていくことにしたのです。帰りはどうしても息子さんが車椅子を押して家に帰ると言うので、私はそこで二人を降ろして施設に戻ることにしました。

あとで聞いた話では、そのかけがえのない時間のなかで、親子は涙を流しながら「おいしいね」とお寿司を食べたそうです。その後しばらくして、母親は息を引きとりました。

あのとき私は、人としてできる範囲のことをしただけでしたが、その後、息子さんは私たちのもとに毎年、特注のみかん色のだるまを届けてくれるようになりました。

本来ならば、この地域では年末にだるまを神社に納めるのですが、彼の思いが詰まっただるまをそうすることはできず、毎年増え続けるみかん色のだるまが私たちを見守ってくれる、お守りのような存在になっているのです。

今では年末恒例となった、みかん色のだるまを届けにきた息子さんに、こんなにも長きにわたって感謝の気持ちを伝えてくれるのはなぜか、と質問をしたことがあります。すると彼から、母のことも自分たち家族のことも本当に大切にしてくれた恩は一生忘れない、だから自分が生きているうちはこのだるまをあなたのもとに届け続けたい、という答えが返ってきました。

私は思わず目頭が熱くなり、介護施設を自分でつくって本当に良かった、と思いました。

ほかとは違う通所介護

私の運営する施設では、利用者の家族に対してもさまざまな配慮をしています。小さな気遣いの積み重ねが家族の安心につながり、信頼関係を築くことができると考えているからです。

私は送迎を大事にしていて、利用者の送迎も施設内の介助も、同じ顔ぶれの従業員に担当させることにしています。最近は送迎専門の従業員を雇う施設が当たり前になりつつありますが、私はあえてそうしているのです。

なぜかというと、送迎の際に利用者の家族から「うちの親は最近どうですか?」とたずねられることがよくありますが、送迎専門の従業員では施設内での利用者の様子は答えられないからです。利用者の家族との接点が多いのは、送迎のドライバーなのです。施設で実際に介助も担当している従業員がドライバーなら、すぐに利用者の様子について答えることができます。家族にとっては現場で介助する顔なじみの従業員による送迎のほうが、安心感を得られます。

通常は、利用者の家族とコミュニケーションが取れる時間はそう多くありませんが、送迎時にそうした家族とのコミュニケーションが取れるのは、小規模事業所ならではのメリットなのかもしれません。従業員からしても家族とのコミュニケーションのなかから利用者の情報がつかめれば、それをケアマネジャー(介護支援専門員)と共有し、さらに施設内でのサービスに活かすこともできる利点があります。

一般的な通所介護では施設内のことばかりに目が行きがちですが、実は通所介護における送迎というのは、このようにとても重要です。

迎えに行って利用者に通所拒否をされるとすぐに引き返してしまう施設もありますが、これは家族からすればとても困るはずです。また、朝はすぐに出発ができるように玄関先で用意して待っていてください、という施設がほとんどです。

しかし私の施設では、朝迎えに行ったときに用意ができていないからといって、そのまま引き返すことはありません。忙しい家族に代わって身支度のサポートをします。家族が朝食用に準備した弁当を、利用者が食べていない状態であれば、私たちはその弁当も施設に持って行きます。一般的な施設は弁当の持ち込みはNGですが、朝食も取らずに空腹のまま利用者が施設に向かうのは家族にとっても不本意です。そんなときは服用している薬も預かり、朝食後に服薬のサポートもします。通常なら、1回の服薬管理代の報酬として100~200円を請求する対応です。私たちはこれくらいのことは無償で対応しています。

介護事業の課題――心のラストワンマイル

家族が自分の仕事もしながら、高齢の親の介護をすることは普通に考えてとても大変なことです。私たちがあと一歩踏み込んで手を差し伸べてあげることで、家族は心身ともに負担が減ると思うのです。家族が困っていることに気づいて手を差し伸べることは、最高のサービスにもつながります。でも、規制やルールにがんじがらめになってしまうと、こうしたあと一歩の心遣いがなかなかできなくなってしまいます。

ルールも現場に合わせて変わってきています。以前の介護保険法では、利用者の住居に入って準備する時間は介護報酬に換算できませんでしたが、現在は換算できるように改定されました。そのため、迎えに行った利用者の支度時間も利用時間に加算請求することが可能です。しかし、報酬のために始めたわけではないので、私の施設ではそれも報酬に換算しません。なるべく家族の経済的負担も軽減し、施設側でできることは協力してあげたいからです。朝迎えに行き、用意ができていないから受け入れられません、では家族も困り果ててしまいます。私たちは、そのようなさまざまな事情を汲んで家族の気持ちにも寄り添い、臨機応変にできる範囲の要望に応えています。

私の施設では訪問ヘルパー事業は行っていませんが、独居の利用者を自宅に送り届けたついでに、簡単な夕飯の準備をしてあげることもあります。利用者が注文しておいた夕飯用の弁当を電子レンジで温め、その間に湯を沸かし、お茶も入れてあげます。そういう場合はほかの利用者を待たせないために、その利用者は最後に送るようにしています。

ここまでくると訪問ヘルパーの域かもしれません。しかし、電子レンジの使い方が分からない利用者のサポートを家族から要望され、それに自分たちが対応できるのであれば可能な限り応えます。できる範囲のことであれば、基本的にはＮＯはありません。

本来は朝８時過ぎから送迎が始まりますが、家族が仕事で早く出かけてしまう場合は少し早めに迎えに行く場合もあります。

介護保険の適用範囲に関するルールはありますが、そこは家族に寄り添って柔軟に対応しています。それで家族が助かり感謝されるのであれば、私たちが少し手を差し伸べてあげようという気持ちになるのです。

認知症の祖父を見てくれる場所がない

ほかにも意識していることがあります。例えば、家族への電話連絡に関してです。利用者のデイサービス利用中は、家族への電話連絡をなるべく控えるようにしています。緊急性がある要件かと思わせて、家族をびっくりさせてしまうからです。些細なことなら利用者が在宅している曜日を選んで電話するように従業員にも伝えています。そうすることで、施設利用中の家族への電話連絡が、より緊急性のある内容だと認識してもらえることにもつながります。こうしたわずかな心掛け一つをとっても、家族が感じるストレスは随分と違ってきます。

一方で家族へのサービスは対応しようと思えばどこまでもできてしまうので、そこは家族との関係性を上手に築くように心掛けています。家族の要望すべてに応えていては、さすがに私たちも手が回らなくなります。家族が本当に困っていることを見極め、できないことははっきりお断りするケースもあります。

こんな風に少し変わった通所介護サービスを私が提供するようになったのには、もちろん理由があります。そもそも私が介護の道を志すきっかけとなったのは、実家のあった高崎市で、病気で入院した祖父の介護をしていたとき、その病院のソーシャルワーカーに「あなたのおじいちゃんのケースだと、面倒を見てくれる福祉施設はない」と言われて困り果てた経験でした。当時は認知症が今ほど一般的ではありませんでした。

祖父は、孫の私をとてもかわいがってくれました。祖母も同じようにかわいがってくれたのですが、その祖母が亡くなってから祖父は急激に衰え、急性膵炎で入院したときには、身体の衰弱と合わせて認知症を併発してしまったのです。ナースステーションのことを蕎麦屋と言っているくらいならまだ良いのですが、点滴を勝手に外してしまったり、夜中に徘徊してしまったりなど、誰かが隣で付きっ切りでないといけない状況になってしまったのです。

家族が抱く介護への不安

祖父が入院したとき、父は働いていました。母親は私が中学3年のときに病気で亡くなっていて、姉はすでに嫁いで近くにはいませんでした。私はたまたまそのとき、勤めていた工場で機械に手を巻き込まれ、労災で休職中でした。そこで大好きな祖父の入院中の介護を私が担当することにしたのです。毎日、病院に行って一日中、祖父の介護をしていました。夜、興奮して徘徊しないように、とにかくたくさんの話を聞くのが日課です。日中にたくさん話をすると、夜は疲れてぐっすり寝てくれるのです。

祖父は戦争中に銃弾を受けて片足をなくしていましたが、戦争の悲惨さやそんな自分がこうして生きているのは本当に奇跡であること、もし自分がいなかったら父親も私も今ここにはいないこと、命の尊さ、大切さを話してくれました。認知症を発症しても祖父は昔のことなどはしっかりと話すことができました。私は祖父のそんな話を聞くことが嫌ではなく、むしろかけがえのない時間でもあったのです。

しかし、同時に毎日不安で仕方がありませんでした。こんな状況がいつまで続くのだろうか。自分の労災による休職期間もそろそろ終わる、そうなったら誰が祖父の面倒を見るのか……。父は、自分が会社を辞めて介護をすると悲痛な顔で言っていました。

結局、祖父は病院から退院後、祖母を追うようにしてすぐに亡くなってしまいました。

私はこの経験を通じて、自分と同じように介護によって不安や苦労をしている人がたくさんいるはずだと思いました。そうした人たちの役に立てるよう、介護の仕事を自分の仕事にしようと、まったくの未経験からこの業界に飛び込むことにしたのです。だからこそ、家族の気持ちに寄り添い、役に立ちたいと心底思って、今の事業所を運営しています。

介護サービスを利用する目的として、家族のレスパイトケア（ケアする人のためのケア）による介護負担の軽減は重要なテーマです。家族には家族の時間をもってもらい、利用者には一度来たら最期まで通い続けてもらえるような施設でありたい、ということが私の介護の原点にあります。

効率化を優先した介護業界に未来はない

今、超高齢社会を迎えた日本では、高齢者への医療や福祉、そして介護が大きく取り沙汰されています。しかし少子化と人口減は国の財政を圧迫し、人手も不足しています。そうすると、効率なんていう言葉が大手を振って歩くようになってきました。

もちろん、少ない人手とお金でどれだけうまく回せるかは大切なことです。しかし、そのことばかりを考えていては、あのときの母子は最期の別れの前に思い出のお寿司屋で一

図表1　将来人口年表（出生中位＜死亡中位＞推計）

推計時点で把握された人口動向に基づき将来投影した場合

年次	推計結果に基づく事象（カッコ内は前回推計）
2022	日本における出生が 80 万件を下回る（前回推計では 2033 年。以下同様）
2024	100 歳以上人口が 10 万人を超える（2023 年）
2027	65 歳以上人口割合が 30% を超える（2025 年）
2031	日本における死亡が 160 万件を超える（2030 年） 総人口の平均年齢が 50 歳を超える（2030 年）
2032	15 ～ 64 歳人口が 7000 万人を下回る（2029 年）
2033	0 ～ 14 歳人口が 1200 万人を下回る（2040 年）
2035	18 歳人口が 100 万人を下回る（2032 年）
2038	日本における日本人の出生が 70 万件を下回る（2043 年）
2040	日本における死亡が 167 万件でピークを迎える（2039 年、168 万件）
2043	65 歳以上人口が 3953 万人でピークを迎える（2042 年、3935 万人） 日本における出生が 70 万件を下回る（2046 年）
2044	総人口が 1 億 1000 万人を下回る（2042 年） 18 歳人口が 80 万人を下回る（2052 年）
2056	総人口が 1 億人を下回る（2053 年）
2067	総人口が 9000 万人を下回る（2063 年） 100 歳以上人口が 50 万人に達し出生数を上回る（2063 年に 50 万人）
【2020 年】総人口 1 億 2615 万人（高齢化 28.6%） 総人口出生数 86 万件、総人口死亡数 138 万件　日本人出生数 84 万件、日本人死亡数 137 万件	

出典：国立社会保障・人口問題研究所「日本の将来推計人口」

緒にお寿司を食べることは叶わなかったかもしれません。

２０２３年現在、日本の高齢者人口の割合は世界一です。65歳以上の人口は３６２１万人で、総人口の28・9％を占めるまでになっています（内閣府「令和３年度　高齢化の状況及び高齢社会対策の実施状況」）。

将来的にはさらなる増加が予測されていて、２０２３年に国立社会保障・人口問題研究所から公表された「日本の将来推計人口」の結果によれば、10年後の２０４３年には、65歳以上の人口は３９５３万人でピークを迎えるといわれています。その後は減少に転じるとされていますが、このままだと総人口も減っていくという予想です。人口が減り続けていくとやはり高齢化率は上がって、２０７０年には高齢者の人口が４割近くになり、２・６人に１人が65歳以上になるそうです。

こんなことを書くと「ほら見ろ、砂賀。やっぱり効率的に介護サービスを展開しなければ立ち行かないじゃないか」という声が聞こえてきそうですが、私はそこにあえてちょっと待ってほしい、と言いたいのです。効率化ばかりを考え、介護業界で働く人たちに全部しわ寄せがいった結果、今この業界は疲弊しきっています。このまま進んでいった先に、明るい未来はないと思っているのです。

拡大する介護産業、進む業界再編

高齢者の増加を背景に、さらなる需要増大が見込まれる介護業界は、成長への期待が高まる一方で、市場拡大をにらんだ競争が激化しています。厚生労働省による２０２１年度の発表では、介護費用の総額が11兆２９１億円となり、過去最高を更新しました。前の年より約2500億円増えて、介護保険制度が始まった約20年前よりも約2・5倍の金額です。今後も高齢化とともにさらなる介護費用の増加が見込まれています。

ビジネスとしては介護市場の拡大は、絶好のチャンスと捉えられ、多角化経営や異業種参入をはじめ、大手企業によるM&Aなどの再編がより強まっています。しかし、この転換期にコロナ禍の影響もあって事業を継続できない介護事業者も相次いでいます。

介護サービスは基本的に公定価格で決まっていて、利用料金の値上げは容易ではありません。また、公的資金が投入されても人件費や光熱費など運営コストの削減が続けば、サービス低下に結び付く恐れがあります。効率化によるコスト削減や人材確保が有利な大手事業者と、それらが難しい小規模事業者の格差が拡大すると、ますます倒産が加速する可能性が高くなります。

コストの増加を価格転嫁しにくいなかで、利益の追求と利用者を守るための経営という経営手腕がよりいっそう問われます。相次ぐ業界参入による利用者獲得競争が激化するにつれ、中小規模事業者の利用率はここ数年で下がっている傾向にあります。大手企業による利用者の囲い込みに対抗し、生き残りを図っていくには、中小規模事業者に今後求められることは何かをしっかりと見極めていかなければなりません。

特に法改正によって経営が左右されやすく、なおかつある程度の飽和状態のなかで競争が激化しているデイサービス事業は、中小規模事業者にとって大手事業者との差別化を図っていく必要があります。

私の通所介護施設へは、今のところひっきりなしに問い合わせが入り、常に定員いっぱいの稼働状況です。その理由は大手事業者のように規模と効率を追わず、小さい事業所の強みを活かして利用者とその家族に寄り添った運営を心掛けているからだと思います。

決して大手による規模を活かした介護事業を否定しているわけではありませんが、私たちのような中小規模事業者は大手とは違った価値を生んでいくべきだと考えています。

中小事業者の役割

2000年に介護保険制度がスタートして以来、飲食業界、保険業界、不動産業界など多くの異業種企業が介護業界に新規参入しています。

大手ではSOMPOホールディングス（損害、生命保険事業）やソニーフィナンシャルホールディングス（生命保険など金融業）、パナソニック（電気機器）に長谷工コーポレーション（建設）など、日本を代表するような企業が次々と参入し、グループ会社が介護事業を展開しています。

なかでも、ＳＯＭＰＯホールディングスは、有料老人ホーム「アミーユ」（現・そんぽの家）を運営していたメッセージを子会社化したのち、外食産業を展開するワタミから「ワタミの介護」を買収し、国内でもトップクラスの介護事業者となっています。このように異業種から参入の大手企業の多くが、Ｍ＆Ａを積極的に行い事業拡大してきました。

一方で、事業環境の厳しさから撤退する企業も少なくありません。ワタミ撤退のニュースはメディアで大々的に取り上げられました。最近では、関西電力が介護事業から撤退をしてＡＬＳＯＫへ事業譲渡をしました。さらに直近では、ＪＲ西日本グループが在宅介護事業をソラストへ譲渡するなど、まだ撤退予備軍がたくさんいると予想されています。競争の激化で、生産性の低い事業者の淘汰が進んでいるのです。

また、近年は外資系ファンドが、介護サービスを手がける上場企業を続々と傘下に収めています。経営悪化で支援を得たい企業側と、市場拡大を見込んだファンド側双方の事情を背景に、資金力のあるファンドが主導した再編が進み、大手企業はさらなる事業の大規模化を行っています。そこへきて、経営不振によって事業譲渡を望む中小規模事業者が増えており、M&Aがさらに加速しています。

さらに国も介護業界の再編を後押ししています。政府は、介護業界に経営の大規模化・協働化を推し進める提言を繰り返しています。今にも倒れそうな中小規模事業者を支えるよりも、大規模で経営基盤が盤石な大手事業者をバックアップしていくことで、膨大な社会保障費を効率的に少しでも抑えたいのです。

しかし、そもそも介護事業者の役割は、大規模化して利用者を効率的に介護することではないと私は考えています。介護事業者に求められているのは、自立を支援する介護サービスの提供です。効率的に介護していることだけを評価するのではなく、本来は要介護度の軽減や悪化防止の観点から評価すべきです。

もちろん、国の財政を考えれば介護報酬を少しでも抑制しようとするのは理解できます。しかし、地域で利用者や家族に寄り添う事業者との意識の溝を埋めていくことが必要です。このままでは効率化の波にさらされて、気がつけば介護現場で真摯に経営する事業者がいなくなってしまうのではないかと私は強い危機感を抱いています。

誰もがいずれ年をとり、何かしらの助けが必要になるのに、私たちは元気なうちはそのことを忘れてしまいがちです。自分の行く道の先にある介護を、私は効率化と利益追求だけを求めるような企業に委ねたいとは思いません。

真に利用者と家族、従業員を幸せにする「本物施設」が増えることで、私たちの将来が明るく楽しく充実したものになってほしいと強く願うばかりです。

［第1章］

介護事故、利用者への虐待、人材不足が招く質の低いサービス……理念なき事業拡大が招く介護業界の問題

マネタイズしやすい介護業界

2025年にはいわゆる団塊の世代が後期高齢者の年齢になり、介護需要がますます高まることは明らかです。多くの人が要介護状態となれば医療費に加えて、介護施設や介護サービスの利用費など、よりお金がかかります。

最近では、介護施設や在宅介護サービス、福祉介護用具や福祉機器の提供、訪問医療や看護など、多様なサービスも提供されるようになっています。

このようなサービスの多様化が、介護事業者のみならず異業種にとっても大きなビジネスチャンスを生みだしていて、有料老人ホームやサービス付き高齢者向け住宅を経営する事業者が、訪問介護事業所やデイサービスを併設する例は珍しくありません。

介護事業者の収入源は40歳以上の国民が納めている介護保険料によって賄われています。そのため、介護保険料を受け取る資格のある人なら誰でも、この保険を使って安価に介護サービスを受けることができます。このこと自体はすばらしい福祉の仕組みなのですが、一方で介護業界は、利用者の集客さえできればほかの業界に比べてかなり安定した収益を期待できる環境にあります。

介護サービス利用者の要介護度によって、介護事業者の収益は異なります。要介護度が高い利用者ほど基本的な単価も高く、多くのサービスを利用するので、そのような利用者を意識的に集めれば集めるほど、事業者の利益は大きくなります。

ビジネスの観点で見ると、利益の出し方がとても明快でマネタイズしやすい業界といえます。設立早々に利益を上げている施設を目の当たりにした異業種の経営者が、簡単に参入を決めてしまう背景がここにあります。

しかし、介護は人間の生活や尊厳に関わる領域であり、倫理的な問題や質の確保が求められることも忘れてはなりません。理念も信念もない利益主義の事業者が次々と参入しては、人材不足のまま質の低いサービスを提供し、結果的に倒産や廃業に追い込まれる事業者が増加していることも事実です。

このような状況は、利用者にとっても不都合であり、ようやく慣れてきた環境を変えることは大きな負担やストレスにつながります。安易な参入や拡大経営を決める前に、利用者あっての介護業界であることを今一度、考えるべきです。

利益優先の経営

加速する超高齢社会において介護業界は右肩上がりに事業拡大をしています。特に、2000年の介護保険法施行をきっかけに多種多様な業界からの新規参入が相次ぎました。それだけ介護事業の需要と注目度は高まっており、参入すれば利益が見込めると考えられているのです。

しかし、介護業界に参入するには当然ながら高齢者のケアや福祉に関わる専門的な知識が必要です。施設利用者の要介護度が高ければ高いほど介助の内容も高度になり、従業員のスキルや経験値が問われます。異業種からの参入では、介護業務に関する知識や経験が不足している場合があり、適切なケアの提供や問題解決が困難になる可能性があります。

そのため、異業種参入をしてから手っ取り早く施設を形にするために、介護職の資格の有無や業界経験年数だけを重視した従業員採用に走りがちです。

しかし有資格者や経験年数が長い人材さえ採用すればいいという考え方は危険です。そのような人材を集めたからといって、必ずしも利用者満足度の高い介護サービスが提供できるとは限りません。理念なき採用は、最悪の場合、介護事故につながるケースもあり得るのです。

そもそも利益主義経営の企業に、果たして人の尊厳を重んじるような理念があるのかどうかは疑わしいといわざるを得ません。さらに、利益を追うあまり従業員への適切な報酬や労働条件が確保されないこともあります。

事業所が得られる収入は介護保険制度で決められているため、それ以上の利益を出すには作業の効率化や経費削減などの企業努力が必要です。そのために、従業員に通常業務以上の負荷をかける企業が存在しているのも事実です。これでは、従業員のモチベーション低下や人材不足を招き、介護サービスの安定性や質の維持に大きな影響を及ぼします。

一般的に、介護事業所の設立には地域社会とのネットワーク構築が不可欠です。地域のニーズに合わせたサービスを提供するためには、地域の関係者との連携は必須です。医療機関や自治体、福祉施設、周辺住民など、その地域の理解と協力がなければ介護施設の経営は成り立たないといっても過言ではありません。

ですから異業種からの参入者こそ地域についての理解を深め、信頼関係を築く必要があります。ところが、利益主義の経営者は時間と労力がかかる地域社会とのネットワークの構築を省略し、短期的な利益を優先する傾向があるのです。

介護の需要が高まるなかでは、その地域に根差した質の高い介護サービスを長期的に提供し、安心して利用できる介護施設の運営が求められます。

年々増える介護事故

昨今、全国の介護施設において事故があとを絶たず、社会問題となっています。厚生労働省が2006年度から調査を行っている「養介護施設従事者等による高齢者虐待の相談・通報件数と虐待判断件数の推移」によると、相談・通報件数、虐待判断件数ともに毎年右肩上がりに増えています。高齢者人口の増加に伴い、介護施設の利用者が増えているため、それに比例して事故が発生するリスクも高まっているのです。

しかしメディアで広く報道されるような介護事故は氷山の一角といえます。私たちが知らないだけで、今日もどこかの介護施設で事故が起こっていても何も不思議ではありませ

図表２　養介護施設従事者等（※）による高齢者虐待の相談・通報件数と虐待判断件数の推移

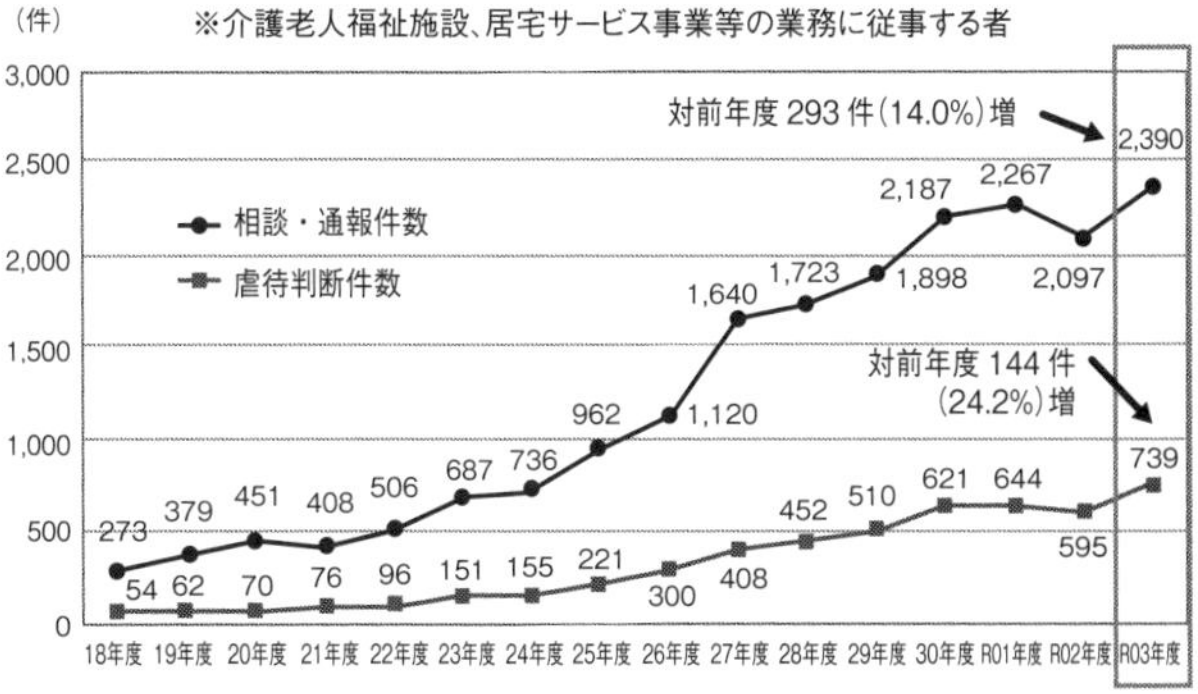

出典：厚生労働省「養介護施設従事者等による高齢者虐待の相談・通報件数と虐待判断件数の推移」

ん。

介護施設では、従業員が故意に利用者を虐待するような人為的な事故だけでなく、予期しない転倒や誤嚥、入浴時の溺水など不慮の事故も起こります。日常的に発生する利用者の持ち物の紛失や破損など、大小にかかわらずすべてが介護事故といえるのです。

これらの事故の原因は、従業員のモラルやスキルだけの問題ではありません。人手不足による長時間労働で従業員の疲労やストレスが蓄積してミスが発生してしまったり、適切な知識をもたないまま現場に出て事故につながったりするケースが考えられます。

また従業員同士や利用者・その家族とのコ

ミュニケーション不足が原因でトラブルに発展することもあれば、介護施設の不適切な環境や設備が事故を引き起こす場合もあります。さらに、こうした事故を当たり前に隠蔽するような施設も存在し、一度隠蔽するとそれがエスカレートしていくことは容易に想像がつきます。

そもそも介護施設は認知症や身体的な制約を抱えた利用者が多く、日常的な接遇やケアには十分な配慮と知識・スキルが求められます。また、転倒予防や食事の介助に関しては、ある程度の訓練が必要です。ですからそれぞれの利用者の状況に合った従業員の配置を考慮するべきです。

介護施設の環境や設備に問題があれば、安全対策のために投資してでもそれらの改善をすべきですが、資金不足に陥っている施設では追いついていないのが現状です。これらの判断は、経営者が下すべきことも多々あるのですが、異業種参入や大企業の多角経営施設の場合、経営者自らが事故防止策に目を向けて検討し、指示を出すことはまずないと考えられます。事故が起こる可能性にすら気づいていない経営者は、事故が起こって初めて問題点を認識することになるのです。このような背景から、残念ながら介護事故は起こるべくして起こり、今後も増えていくことが予想されます。

従業員による利用者への虐待

絶対にあってはならないことですが、従業員による利用者への虐待は増加の一途をたどり、大きな社会的問題となっています。神奈川県川崎市の有料老人ホームで入居者が相次いで転落死した殺人事件、岐阜県高山市の介護老人保健施設で入居者が相次いで死傷した事件などは全国的に報道され、記憶に残っている人も多いと思います。

特に新型コロナウイルスの影響で家族との面会が制限されていた時期は、施設内がブラックボックス化していたことも報道などで明らかになっています。コロナ禍以前のように面会できないことで問題が発覚しにくい状況のなか、施設内部では信じられないような虐待が行われていたのです。

厚生労働省が発表した「令和3年度『高齢者虐待の防止、高齢者の養護者に対する支援等に関する法律』に基づく対応状況等に関する調査結果」によると、虐待の種類は身体的虐待（51・5％）が最も多く、ついで心理的虐待（38・1％）、介護等放棄（23・9％）

図表3　虐待の種別の割合

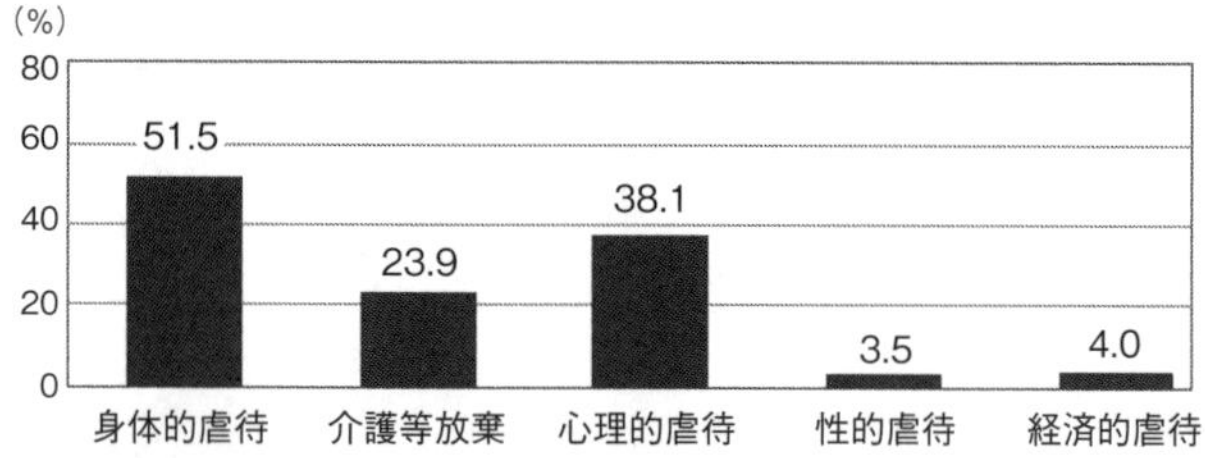

※被虐待高齢者が特定できなかった41件を除く698件における被虐待者の総数1,366人に対する集計(複数回答)。

出典：厚生労働省「令和３年度『高齢者虐待の防止、高齢者の養護者に対する支援等に関する法律』に基づく対応状況等に関する調査結果」

となっています。介護施設従事者による虐待の相談・通報件数は２３９０件、虐待判断件数は７３９件で、いずれも過去最多という結果が出ています。

これらの虐待の発生要因として、「教育・知識・介護技術等に関する問題」（56・２％）、「職員のストレスや感情コントロールの問題」（22・９％）、「虐待を助長する組織風土や職員間の関係の悪さ、管理体制等」（21・５％）、「倫理観や理念の欠如」（12・７％）であることが分かっています。

こうした発生要因は、いずれも職場の管理体制に問題があります。利用者を人として見ずに物を運ぶかのような尊厳のない移乗介助が日常的に行われているような職場では、それがエスカレートしていつか虐待に発展することもあります。認知症や身体に制約のある高齢者の介助は、思いどおりにいかず従業員のストレスにつながるケースが多々ありますが、従業員のメンタル面の問題に気づけなければ、虐待を起こしてしまう可能性があるということです。これはどの介護施設でも起こり得ることだからこそ、経営者が自ら対策を練らなくてはいけないのです。

しかし、異業種参入や多角経営の経営者が現場レベルまで踏み込んでどこまで対応できるのか、正直なところ疑問です。従業員一人ひとり、職場環境の隅々にまで気を配り、具体的な対策をしない限りは、従業員による利用者虐待の可能性があることを、経営者は肝に銘じておくべきです。

見捨てられる高齢者

介護現場では、介護事故や虐待だけが問題なわけではありません。質の低いサービスを提供する施設を利用せざるを得ない高齢者もいます。

高齢の親の介護を家族が担うことは、精神的にも身体的にも大きな負担となります。認知症が進めば意思の疎通が難しくなり、予測不可能な行動を起こすケースもあります。そうなれば当然家族の生活や仕事にまで影響を及ぼします。

そういった家族の負担を軽減するために介護サービスや介護施設が存在しています。ほとんどの場合は高齢者が自ら施設の利用を希望するのではなく、家族の希望で利用が始まります。家族だけでの介護に限界を感じたり、家族が介護放棄をしたりするなど、高齢者にとって不本意な形での利用もあります。そういった状況から、家族に見捨てられた高齢者の行きつく場所のように見られることが多いのは確かです。

また、家族の金銭的負担を大きくすることがないように、介護保険の支給限度額の範囲で利用可能で、かつ利用者本人の年金で賄える施設にこだわった結果、利用者に合わなかったり、満足のいくサービスの提供が受けられなかったりという事態が発生します。有料老人ホームなどでは、より人間らしい環境を望むと、その都度別料金が発生することもあります。

介護保険による介護サービスの金銭的負担は、利用者の所得に応じて介護報酬の1～3割と決められています。最も程度が重い要介護5は意思の疎通が困難で、日常生活全般の介助を必要とします。要介護5の介護保険の支給限度額は月額約36万円ですが、利用者負担が1割の場合は約3万6000円です。超高齢社会となり、介護の需要が高まっているなかで、残念ながら質の低いサービスを提供する施設も数多くあります。しかし、家族だけで介護をする負担を考えると、介護度が高くても少ない負担で介護サービスを受けられることで多少のことは目をつぶってしまうのです。

しかしこれを、サービス業である結婚式場やホテル、レストランを利用した場合に置き換えてみるといささか様相が変わってきます。対価を支払っているのに質の悪いサービスを提供されたら苦情を言いたくなるはずです。本来、介護事業もサービスの提供に対して対価を支払うサービス業であるにもかかわらず、少ない負担で高齢の親の介護をしてもらうことをどこか負い目に感じ、家族は多少の苦情も飲み込んでしまうのです。結果的に、人間らしい生活や住環境が保たれていない信じがたい施設が世の中にたくさん存在していることをもっと知るべきだと思います。

2023年現在、厚生労働省は介護保険のサービス利用料の利用者負担割合を見直そうと検討しています。2~3割負担となる人の対象が拡大された場合、これまで1割負担で済んでいた一部の人が2割負担になれば、それまでと同じサービスを受けることは難しくなります。そうなると、ますます利用者にとって苦痛をもたらすような、介護とは到底呼べないような施設が増えていくことが懸念されます。

包括的サービスの落とし穴

急激な少子高齢化によって、さまざまな社会的な問題が引き起こされています。現役世代の減少による労働力不足は深刻さを増して、経済面でも社会保障や年金制度などに充てる財源がひっ迫すると予想されています。さらに団塊の世代が75歳以上となる2025年以降は、医療や介護の需要がよりいっそう増加することが見込まれているため、日本政府は高齢化対策を急務と考えて進めています。

この対策の一つとして厚生労働省は、2025年を目途に、高齢者の尊厳の保持と自立生活を支援する目的のもとで、地域の包括的な支援・サービス提供体制として「地域包括ケアシステム」の構築を目指しています。これは高齢者が介護の必要な状況になったときに、可能な限り住み慣れた地域で自分らしい暮らしを続けることができるように、住ま

図表4　年齢3区分別人口の推移　―出生中位（死亡中位）推計－

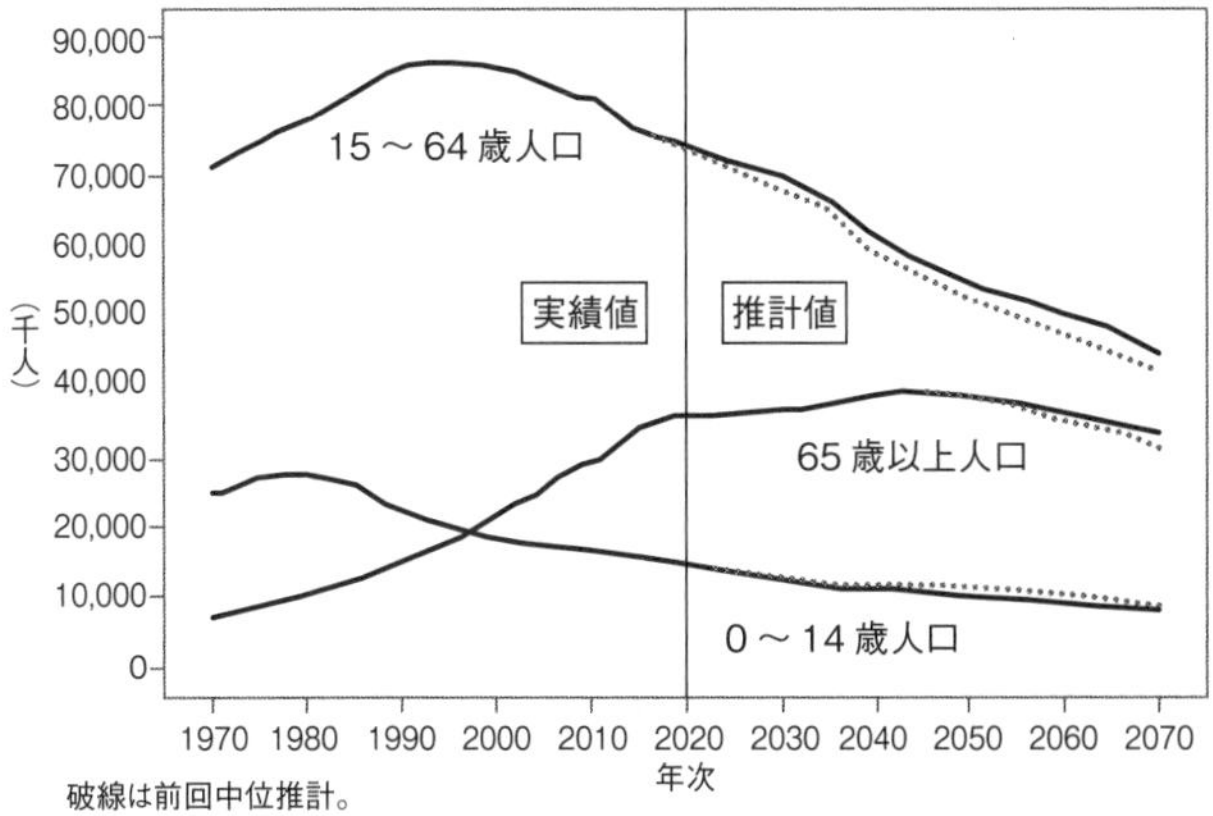

破線は前回中位推計。

出典：国立社会保障・人口問題研究所「日本の将来推計人口」

い・医療・介護・予防・生活支援が地域で一体的に提供される体制のことです。従来の国主体のサービスではなく、地域の力を大いに活用して高齢者を支える仕組みで、今後の介護業界の新たな動きといえます。

しかし、この包括的ケアという言葉には気を付ける必要があります。

介護サービスと一言でいっても、さまざまな種類、事業形態が存在します。介護施設や老人ホームなど施設内で提供される施設介護サービス、高齢者が自宅で生活するための支援を提供する居宅介護サービス、訪問看護や訪問医療のように家庭や施設に医療スタッフが訪問する在宅医療サービス、日中の活動支援やケアを受けることができる通所型デイサービスやデイケアなどを中心に、介護用具や福祉機器の提供に至るまで、細分化するとかなり多くのサービスがあります。

必要とされるサービスは人によって異なり、多様なニーズが求められていることから、包括的なサービスを展開する事業者も増えています。ただし、これは国の掲げる地域包括ケアとは異なり、一事業者による包括的な介護サービスです。

一見、サービス利用者にとっては便利に思えますが、手を広げ過ぎてサービスの質が落ちたり、人材不足で問題が発生したりしていることもあります。それぞれのサービスに適した専門的な人材育成や設備投資ができず、適切な人員配置やサービス提供に影響を及ぼすこともあります。

事業者利益を優先する運営

包括的なサービスによって、利用者に不利益なことが起こるケースもあります。

例えば一法人が有料老人ホームにデイサービスを併設し、ケアマネジャーも所属させ、訪問介護も行うというような事業展開をしているとします。収益源となる介護報酬の額は地域やサービス内容によって異なりますが、計算方法は「単位」を基準に計算され、要支援1～2、要介護1～5でそれぞれ支給限度額が決められています。

一般的に支給限度額は、程度が軽い要支援1で月額約5万円、程度が最も重い要介護5で月額約36万円です。囲い込みを防止するための法改定もありましたが、事業者側としては、利用者1人あたりがもつ限度額の単位すべてを自社内の介護サービス利用につなげて収益にしたいのです。

そのような背景があるために、有料老人ホームに入居している利用者が外部のデイサービス利用を希望しても、自社で介護保険の全単位を使わないと認めないということが起こります。介護保険の全単位を使ったうえで外部施設を利用することは、そこで発生する利用料を利用者が全額自己負担することを意味しています。

そのような介護保険制度の仕組みをよく理解していない利用者や家族は、何の疑問ももたずそれが普通だと思ってしまうのです。

よくあるパターンとして、有料老人ホームにデイサービスが併設されているケースがあります。老人ホームに入居させるだけさせて放置するわけにはいかないので、日中はデイサービスの利用を促します。一見、人の目が行き届いて安心かつ理にかなっているように思われますが、利用者の体調が優れない、今日は部屋で過ごしたいというような日でも、デイサービスに行ってもらわないと単位が使えないので強引に行かせるということが起こります。もっと悪質なケースだと、自社内であれば利用していないサービスを利用したことにすることも、容易にできてしまいます。

一方、私が経営するような一点集中経営のデイサービスの場合は、利用者の家まで送迎を行います。利用者のなかには、朝のお迎えを拒否したり、寒いから行きたくないと仮病を使ったりする人もいます。施設に来てもらわないと自分たちの報酬が発生しないことはもちろんですが、その家族にとっても高齢の親を自宅に一人残して仕事に行くわけにはいかず、デイサービスに行ってくれたほうが安心です。私たちは、そんな家族の思いも汲んで、試行錯誤をして施設まで来てもらいます。

しかし、有料老人ホームの下階にデイサービスが併設されていれば、下の階に降りるだ

図表5　事業者が受け取る介護報酬

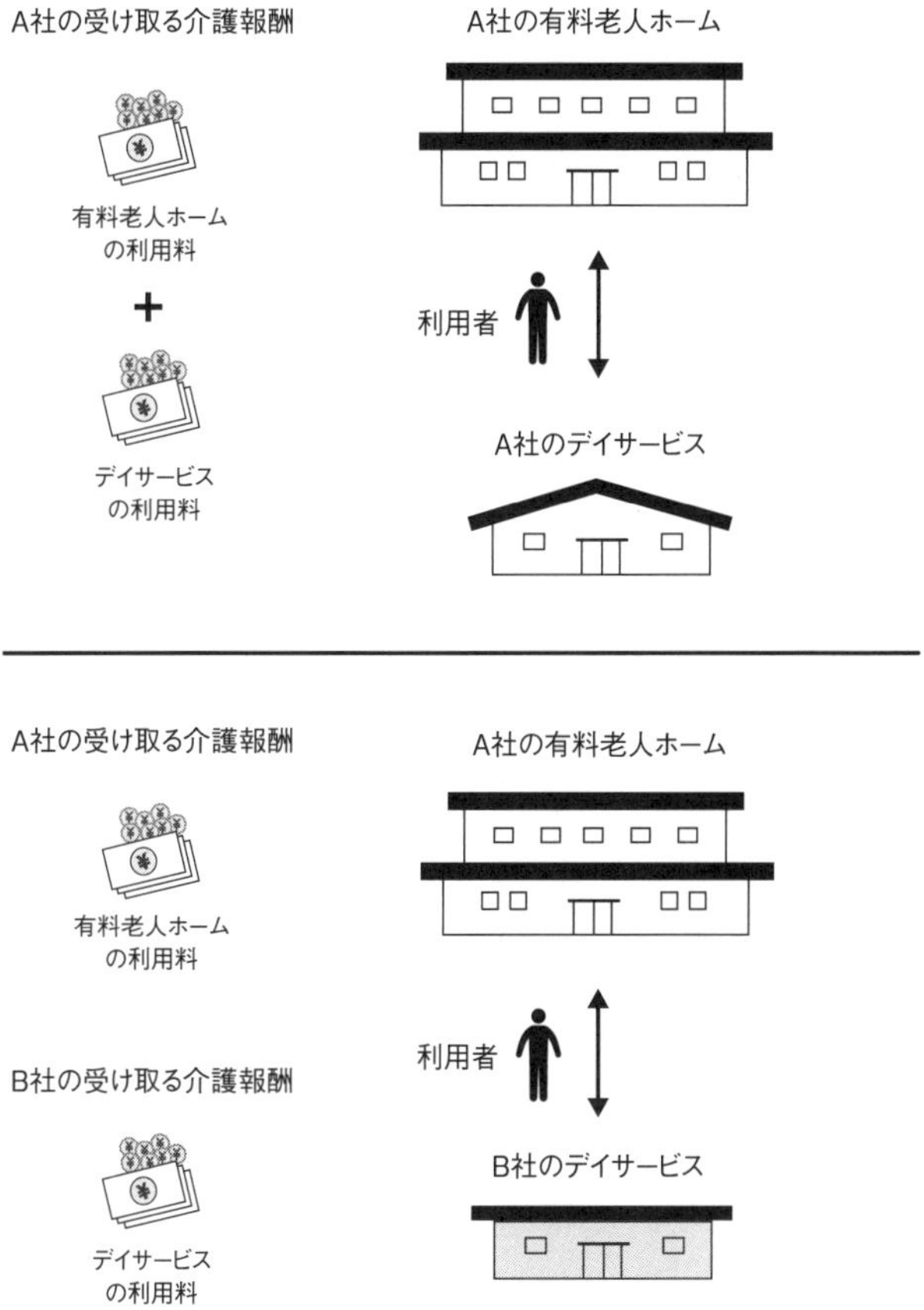

けなのでリスクもなければ何の苦労もいりません。エレベーターにまとめて乗せて、時間になればまた部屋に戻すだけで済みます。包括的にサービスをしているからこそ、各工程が単なる作業のようになってしまうのです。

別のパターンとして、同一建物等減算を逃れるために、あえて同じ敷地内にサービスが異なる事業所を併設しないケースがあります。同一建物等減算は、例えば有料老人ホームと訪問介護事業所が同一敷地内にある場合、訪問介護員の移動コストがかからないなどの理由から、利用者が支払う利用料が減額される制度です。利用者にとってはメリットがありますが、事業者にとっては報酬が減るので面白くありません。

これを回避するために、あえて同一敷地内ではなく離れた敷地に訪問介護事業所を設置して、訪問介護員を有料老人ホームまで訪問させるのです。このようなことは、包括的サービスを提供している企業であれば自在にコントロールできてしまいます。

地域で高齢者をサポートする時代には、高齢者が自分らしくいきいきと過ごせるよう、一人ひとりの要望に合わせた多様性のあるサービスが求められていくはずです。そのため

図表6　介護報酬の同一建物等減算の仕組み

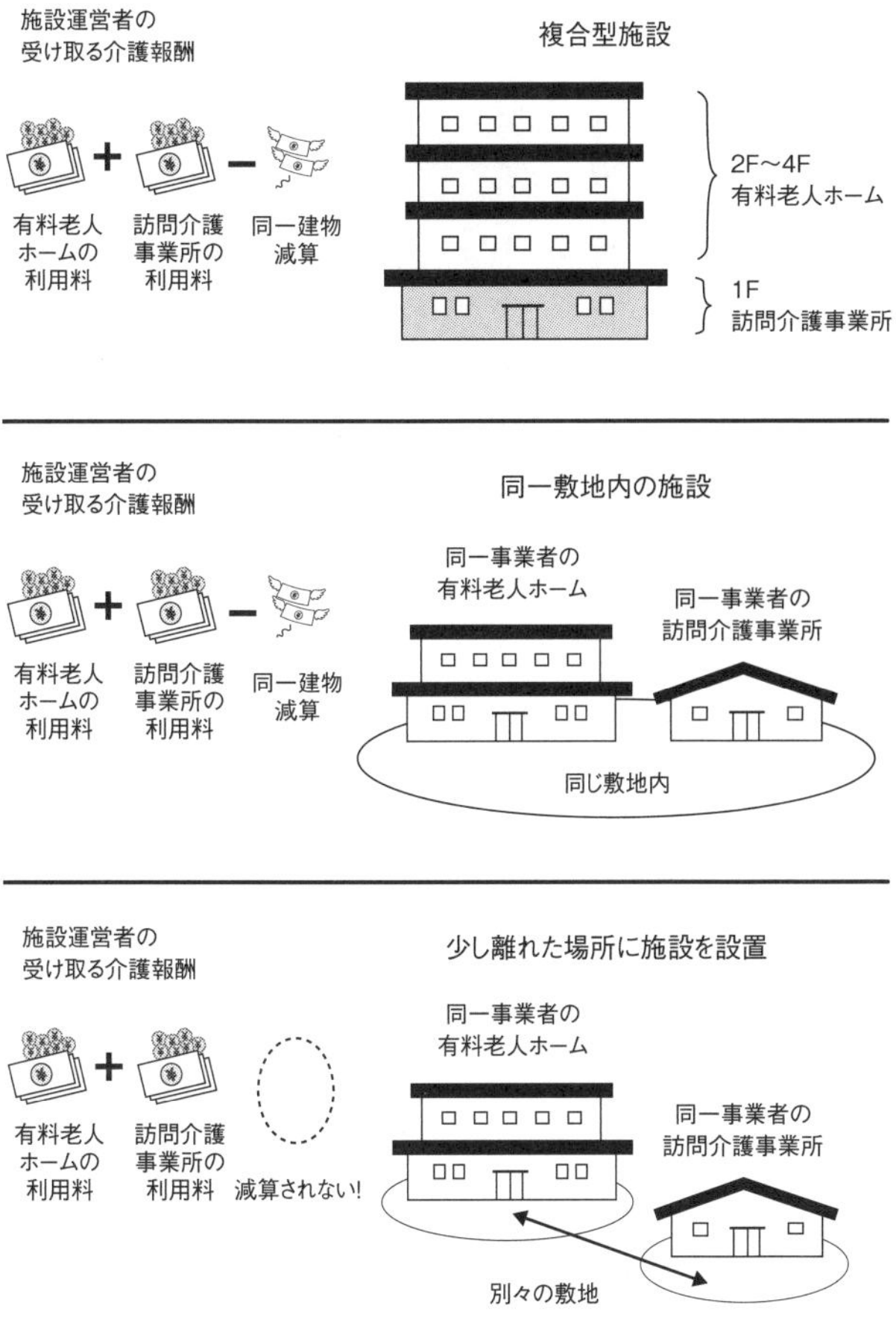

には、介護業界全体の質の向上と高齢者に寄り添ったサービスの提供が求められます。

現在、社会の変化に伴って、老老介護など家庭内における介護力の低下や、高齢者の社会的孤立の問題など複合的な課題を抱えているなかで、これまでの対応では解決が困難であることを認識しなければなりません。さらに社会保障費などの経済的な側面の問題だけではなく、介護の現場での切実な人手不足も指摘されています。新しい時代を見据えて、高齢者の個々のニーズや多様な状況に対応する柔軟性が必要であり、それを実現するための転換期にいると私は痛感しています。

増え続ける介護ニーズ、不足する人材

介護業界は増え続ける高齢者を背景に、急成長業界として注目を浴び続け、新規参入業者が今もあとを絶ちません。しかし現在の介護施設や介護人材、サービスの供給は需要に追いついていないのが現状です。

厚生労働省の調査によれば、団塊の世代が75歳以上の後期高齢者になる2025年に必要な介護職員は243万人で、32万人不足するという推計です。さらに65歳以上の高齢

者の数がほぼピークを迎える2040年は、およそ280万人の介護職員が必要となり、69万人不足すると試算されています（厚生労働省「第8期介護保険事業計画に基づく介護職員の必要数について」）。

今後、介護を支える働き手が減っていけば、介護スタッフ1人にのしかかる負担はさらに増えることになります。現状でも人手不足で苦しんでいるのにもかかわらず、将来的に介護の需要が増え続けていくのですから、介護業界における労働力不足は深刻です。

最も問題なのは、慢性化した人材不足に対して過剰な業務が要求されることによって、離職者があとを絶たないことです。

介護の現場は、身体的にも精神的にも負荷が大きく、ストレスにさらされることが多い環境です。さらに介護従事者の賃金や待遇が不十分であることも離職率の上昇につながっています。介護の担い手となる人たちがそのような環境にあって、利用者とその家族が満足のいく介護サービスを提供できるわけがありません。

このような悩みは、おそらくどの介護事業者も抱えているはずです。もちろん、私も同じように悩んだ一人です。そして考えに考えて私が出した答えは規模を拡大せずに、ただひたすらに一点集中で施設を経営することでした。

一見、非効率に見えるかもしれない道を私が選んだのは、利用者とその家族に最高の介護サービスを提供しながら、そこで働く職員たちにもずっと働きたいと思ってもらえる理想の施設を実現したいという考えからでした。

離職率が高く、人材が育たない職場環境

人材不足と同様に、離職率の高さも介護業界が抱える大きな問題です。心身ともにハードな労働、低い給与水準、厳しい労働条件、職場の人間関係の問題などから従業員の満足度が低下し、人材の定着が困難になっているのです。

従業員が安定して長期的に働ける介護施設にしていくには、適切な賃金はもちろんのこと、人材育成や柔軟な労働条件、風通しのいい職場環境づくりなど、総合的な経営努力が必要です。

また、人材を育てるという視点がなければ、業界内のサービスの質の向上もありません。

高度なスキルと専門知識を必要とする職種にもかかわらず、適切な教育や継続的なキャリア開発を行わなければ、良質な人材が育たないのは当然のことです。従業員のスキル向上やキャリアの成長が制約されると、モチベーションの低下や介護職そのものの魅力低下にもつながります。

特に24時間体制でのケアが必要とされる施設では、労働環境の改善や働き方の柔軟性が求められます。しかし、施設や事業所の設備・運営体制の改善が追いついていないケースが多く、従業員の負担やストレスが蓄積される結果となっています。

このように、さまざまな要素が積み重なって人材の定着が進まない施設も多いのです。その結果、介護業界の従業員の入れ替わりは激しく、短期的な雇用や非正規雇用が増加するなど、人材の使い捨てのような状況が発生してしまうのです。

これらの問題は、従業員たちが定着することなく短期間で離職しても、またすぐ次の人材を確保できれば解決する、というような単純な話ではありません。

介護事業への理想がない経営者たち

介護施設の経営は現場ありきの仕事です。従業員はモノではなく感情のある人間を相手に仕事をしているので、どんなにマニュアルを完備していても、想定外のことが必ず起こります。そうした状況にいち早く対応するためにも、経営者は常に現場を把握するべきだと思います。

しかし大企業による多角経営の介護施設は、そういう意味ではトップの人間が現場を適切に把握できているか非常に疑わしいと思われます。実際のところ、現場で直接高齢者の介護をしている経営者は小規模経営の施設でしかあり得ません。現場経験がなく、深刻な人手不足や介護事故などの実情も把握せず、わけ知り顔で介護について語る経営者もよく見かけます。しかし、小さな事業者で従業員とともに現場を支えている私のような人間からすると、彼らの話は机上の空論にしか聞こえません。

なかにはブランディングに優れ、カリスマ性を発揮してフランチャイズ経営を進める経営者もいます。しかし話を聞くと生産性重視や効率化ばかりを訴え、現場を知らないことは一目瞭然で、最も大切な利用者ファーストの視点が欠けているように思えます。

私が考える理想の介護施設は、そこに関わるすべての利用者と家族、従業員が幸せであることです。そのために重要なのは、経営者が率先して現場の状況を把握し、必要に応じて改善していくことです。

昔の人気刑事ドラマに「事件は現場で起きている」という有名なセリフがありますが、まさに介護施設は現場でさまざまな予想外の出来事が起こります。従業員と同じ目線で現場を切り盛りする経営者と、机上で数字を追いかけるだけの経営者では、従業員にとってどちらがモチベーションアップにつながっていくかは明白です。

経営者の顔が見える施設とそうでない施設では、どちらが安心して利用できるか、利用者の立場に立って考えれば、答えはすぐに分かるはずです。

介護に何よりも必要なのは志

介護という仕事は他業種とは異なり、効率性や能率性が非常に図りづらい仕事です。だからこそ経営者は、なぜ介護を仕事にすることを選び、どういった経営をしていくのかということが常に問われ続けます。

一方で日本の高齢者は増加の一途をたどっています。超高齢社会にビジネスチャンスを見いだし、資本力のある大手企業が介護業界に参入し、業務拡大のために介護事業所を次々に増やし、利益を追求しているのは周知の事実です。

すべてがそうだとは言いませんが、数字だけを追い求め、介護サービスの利用者や従業員を金儲けの駒としか考えない利益ファーストといえるような経営スタイルが数多く存在しています。

利益のために、介護と相性の悪い効率性や能率性を求めた結果、ニュースで目にするような痛ましい事件や事故が発生しているのです。非常に残念で許しがたいことなのですが、私はそういったニュースを目にするたびに、これは起こるべくして起こったことだと捉えています。

事件や事故が起きた施設の経営者は、現場の状況や事情を理解しているのか、現場で今起きていることを把握しているのか、従業員の採用は何を基準に選んでいるのか——介護の仕事に効率性や能率性を求めると、そういった部分が見えなくなります。介護の仕事において、経営者は効率性や能率性を高めることで得られる利益よりも、どういった「志」をもち、それを従業員に浸透させて、利用者や家族、ケアマネジャーまで関わるすべての人が幸せになる経営をしていくかということが何よりも大切なのです。

理想の介護事業所づくりに挑戦

経営者においての「志」は「経営理念」という言葉に置き換えることもできます。もし、「利益」を経営理念の最重要事項とする利益ファーストの経営をするならば、誰も幸せにすることはできないので、介護業界から撤退するべきだと私は思います。

私は介護を仕事にすることを選んだ人間として、利益よりも大切なものとして、「相手のことを思いやれる心」とそれを実践することができる一点集中の「本物施設」をつくることを経営理念に掲げ、それを最重要事項とする理念ファーストの経営を行っています。

介護は「相手のことを思いやれる心」が必要であり、その「心」をもっていなければ最高のサービスを提供することはできないのです。さらに、この想いを経営者と従業員でしっかりと共有して実践することができるのは、一点集中の本物施設だけだと考えています。

介護の現場では最低限の介護資格しかもっていない人や無資格者も数多く活躍しています。それにもかかわらず、一般的には有資格者、特に国家資格をもつ人が重宝がられます。とりわけ利益ファーストの施設経営では、乱立した事業所に有資格者を配置することが介護報酬のアップにつながるため、その傾向が強く見られるのです。

私はそのことに疑問をもっています。国家資格をもっていたとしても、私が考えるような理想の介護、それにより幸せな人が増えるという社会貢献ができるとは限らないからです。

確かに、高い志により国家資格を取得して、それを活かして多くの人を幸せにできる人もいます。しかし、国家資格やスキル、知識以上に介護現場で必要とされるのは「相手のことを思いやれる心」とそれを存分に発揮できる場があるかどうかです。

「相手のことを思いやれる心」があれば、誰でも介護のプロフェッショナルになれる素質があります。資格はもちろん大切ですが、それだけでは介護業界の未来は決して明るいものにはならないのです。

私が考える理想の介護職は、人生の大先輩である利用者が喜ぶことを率先してできる人です。「相手のことを思いやれる心」をもつ、人間として魅力的な人間力の高さがあれば、資格やスキル、知識をもっている人より現場で輝くことができます。私は経営者として、人間力を存分に発揮できる理念ファーストに基づいた本物施設をつくり上げなければならないと強く思っています。

［第2章］

一施設に経営リソースを注げば、理念が従業員に浸透する本物施設をつくる
〝一点集中の介護経営〟とは

素人集団が始めた小さな事業所

創業当初、国家資格保持者は私ただひとりでした。介護業界で誰もが幸せになる本物施設をつくり上げるという熱い想いだけをもった素人軍団が始めた施設だったのです。最初に立ち上げた通所介護は、定員10名の小さな事業所でした。田畑に交じってまばらにある住宅地にある住宅用の平屋を借りて、最低限の改修で始めました。従業員は私を含めて4人ほどでした。私以外はほとんど介護の経験もありません。それにもかかわらず、経営者として私が従業員に教えたことは、利用者に、家族に、一緒に働く仲間に対して「相手のことを思いやれる心」をもつということだけでした。

すると、各々が自発的にスキルや知識を身につけ、気がつくと資格を取得する者も現れました。そんな彼らのために私は経営者として各々が力を発揮できる環境を整えることに尽力してきました。

経営者である私を筆頭に従業員とともに理念ファーストで働いていくことで、宣伝広告をしなくても、利用者や家族からの口コミで空き待ちが出るほど評判の施設となり、予想よりも早い段階から黒字経営に転ずることができました。

このような施設に成長することができたのは、いかなるときも経営者として理念ファーストを忘れずに実践することができる、一点集中の本物施設をつくる過程で得た結果だと私は思います。またそれを従業員に浸透させるように努め、従業員たちもまた、理念ファーストという考え方に共感して、それに反するような行動はとりません。

理念ファーストを浸透させるにあたり、私が従業員に伝え続けているのは、介護職以前に、人として生きていくうえで「相手のことを思いやれる心」を常にもってほしいということです。これは経営者である私自身もいつも自問自答しています。相手のことを思いやれる心を常にもち続ければ、介護経営は絶対に成功するという私なりの信念でもあります。

人間力が高くなると、介護の現場で求められていることが分かるようになり、それに応えることで周りに笑顔が増えていくので介護の仕事が楽しくなります。経営理念の実践を通じて、彼らが世の中に必要な人として成長することが社会貢献をしていることにもなるのです。

私の運営する施設は、群馬県の片隅で、一点集中で踏ん張っているデイサービスに過ぎません。それでも、日本全国の介護施設に介護のお手本だと胸を張れます。「相手のことを思いやれる心」をもったプロフェッショナルたちが働く本物施設だと言い切ることができるからです。大企業による多角経営の施設にも何ひとつ負けているとは思いません。なぜなら、創業からずっと、関わってきた人たちの笑顔が増え続けていることを経営者として実感しているからです。一点集中経営であれば、経営者はダイレクトにこういったことを肌で感じることができます。

「相手のことを思いやれる心」をもって、介護ができる一点集中の本物施設をつくり上げるという理念ファーストの経営は、介護業界の未来を必ず明るいものにすると信じています。

利用者、家族、従業員、私に関わる一人ひとりの人生に寄り添い、ともに生きる喜びを感じることが介護であり、それこそが私の生きる意味にもつながっています。働く人々のことを把握できないであろう多角経営の経営者にはそれを実感することはできないと思い

図表7　理念ファーストの本物施設ができるまで

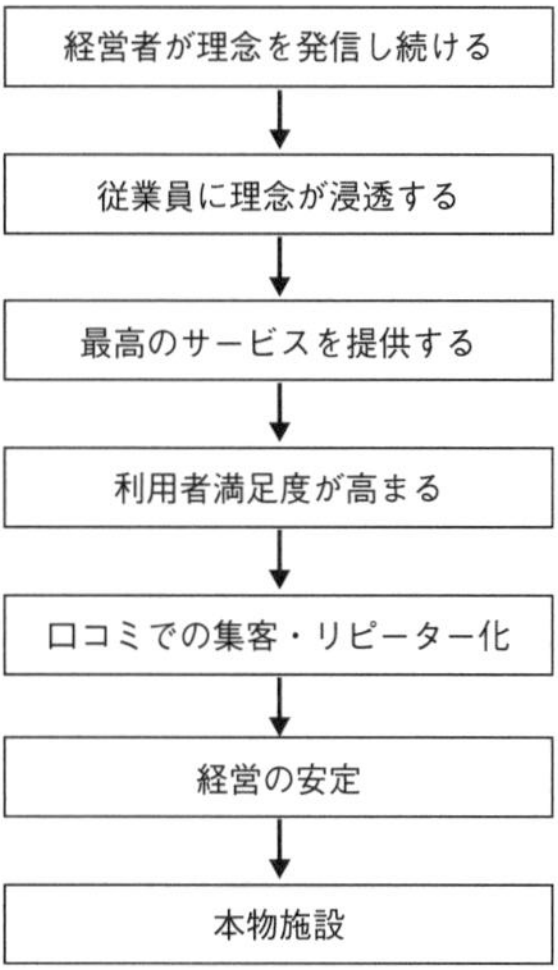
経営者が理念を発信し続ける
従業員に理念が浸透する
最高のサービスを提供する
利用者満足度が高まる
口コミでの集客・リピーター化
経営の安定
本物施設

ます。働くみんなの顔が分かる一点集中経営の本物施設から、日本の、世界の手本となるような介護を示していくことで新たな時代を切り開いていくことができるのだと思います。

そして何よりも大切なのは、トップに立つ経営者が揺らぐことなく理念ファーストを貫くことです。

利用者にとっての理想の介護施設

利用者にとって理想の介護施設となるために必要なのは、利用者が「ここにいていい人」「あなたの存在には価値がある」と心から実感してもらえる場をつくることです。

利用者の多くは仕事をリタイアし、家族の世話に追われる日々も過ぎ去っています。そうやって年を重ねた末に要介護状態となって介護施設を利用しているのです。家族のなかでそのような立場になると、自分の役割や居場所を失ってしまいます。そうした高齢者の嘆きの声を介護の現場でたくさん耳にしてきました。そういった利用者に希望の光を灯して、再び役割や居場所をもってもらいたいと考え、私はデイサービスの事業を始めました。

利用者にとっての理想の介護施設に近づくために、私たちはたとえ利用者が認知症であっても人間として培ってきたポテンシャルを引きだすために創意工夫して取り組んでいます。

現役時代に手に職をもち活躍していた人であれば、それを人前で披露できる機会を設けます。認知症によりできないことが増えていく生活のなかで、失われつつある自尊心を高めるのです。そして、自身の存在価値を肯定することで「あなたはここにいていい人」「あなたの存在には価値がある」ということを認識してもらいます。

例えば、かつて大工だった利用者には季節のイベントで必要なものを従業員がサポートしながらつくってもらいます。

「認知症の人にのこぎりやペンキを持たせるなんて！」と眉間にしわを寄せる人もいると思います。ですが、長い年月をかけて蓄積した仕事の記憶は利用者のなかに残っており、私たちがしっかりサポートできればケガをするようなことはまずありません。

また、これまでわがままも言わずに一生懸命に生きていたので、人生の終盤ぐらいは誰かに甘えたいという利用者もいます。そういった思いにも「唯一、甘えることが許される」居場所となるように、気の合う人の隣に席を設けるなど、私たちはできる限り心安らぐ環境をつくる努力を行います。

利用者の居場所をつくることと同様に、利用者にとって理想の介護施設となるために重要なことがあります。それは利用者の家族にとって心の拠り所となることです。

利用者の家族にとって介護施設は、日々休むことなく介護をしている家族のレスパイトケアを担う役割も担っています。

親の介護をしている子どもにとって、どんなに大好きな家族だとしても終わりの見えない介護には、大きな不安やストレスを抱いている方が少なくありません。

そんな家族に、ともに介護をしている仲間として認めてもらい、介護生活の頼れる味方として「私たちがいるから大丈夫ですよ」といちばん近くで寄り添います。「ここに親が通っていて良かった」と言ってもらえるような、家族にとっても本物の施設になることを目指しています。

全員にできることではありませんが、母親の介護に疲れて日に日にやつれていく娘さんに「何でもいいのでここに私たちに伝えたいことを書いてください」とA４判のノートを渡しました。何も書かれずにノートを返される日もありましたが、親の介護がいかに大変かを1ページにびっしりと書いてくれる日もありました。私たちはできる限りその声に耳を傾け、もっと私たちを頼ってほしいといったことを返事につづりました。

そんな交換日記に気持ちを吐きだせるようになった娘さんは、少しずつ元気を取り戻していきました。特に在宅介護の要介護者が通うデイサービスでは、家族を支えることが利用者を支えることにつながります。家族を支えることで、介護疲れによる共倒れや、家族による要介護者への虐待などを未然に防ぐことができるからです。

一方で家族のサポートには介護保険は利用できません。家族のサポートのために費やす時間や労力は無報酬で行うことになります。そのため利益重視の施設においては、そこまで家族に関わらないケースが多いのです。理念ファーストに基づいて利用者にとって理想の介護施設を目指すうえでは、利用者の家族も、利用者同様に大切に思わなければならないのです。

従業員にとって働きがいのある介護施設

一方で、私は従業員にとって理想の介護施設像がどのようなものなのかを次のように考えています。

利用者やその家族はもちろん、従業員にも自分がいちばん輝ける居場所となる環境を提供することです。そして、従業員一人ひとりに自分の存在価値を認識してもらいます。

理念ファーストが浸透した従業員は「ここに来て良かった」と言われる居場所づくりのために、利用者のことを非常によく観察しています。利用者が、どうしたら喜んでくれるのかということを意識して日々働いているのです。

私は経営者として、従業員一人ひとりをよく観察し、彼らが適材適所で輝く場を提供するべきだと考えています。仕事がオールマイティーにできなくてもいいのです。不得意なことがあっても、そこを得意とする人が補い、チームで仕事を行うのです。チームで支え合える職場環境になれば、従業員がその人にふさわしい場所で輝くことができ、また、誰もやりたがらない仕事でも、チームで分担して行うことで、みな平等に不満なく働くことができます。経営者の私はもちろん、彼らにとっても理想の介護施設ができていくのです。

従業員が適材適所で輝くことができると、そこからプラスの波動だけが周りに伝わっていきます。利用者の輪に入るだけで、その場が華やぎ利用者同士のコミュニケーションを上手に活性化させる女性従業員がいました。彼女はアパレル業界から介護業界への転職組で、未経験者だったために、移乗介助やオムツ交換といった技術を要する仕事には苦戦していました。一方で彼女が前職で培った接客術が介護の現場でも活きていることは誰の目にも明らかでした。

そこで私は、彼女に送迎やアクティビティといった利用者と接する業務をメインに担当してもらうことにしました。経営者として現場を客観視したときに、彼女のコミュニケーション能力の高さを活かそうと考えたのです。

一方で利用者とのコミュニケーションが苦手でも、介護技術が高い従業員もいます。その職員と彼女の配置を転換し、苦手なところを補い合う環境を提供したのです。

数をこなすことで苦手を克服させるという指導方針の介護施設もあります。しかし経営者としての私の方針は、技術を磨く前にその従業員の魅力を引きだし現場で輝かせることです。結果、彼女は利用者の間で人気者となり介護の仕事にやりがいを見いだしていきました。苦手としているオムツ交換も経験を重ねていくうちに上手になっていきました。

彼女のように、職場で自らの存在価値を認識して「ここが居場所」だと輝き始めると、職場を大切に思う愛社精神が芽生えてきます。「この会社がもっと良くなるためにはどうしたらいいのか」と職場環境をより良いものにしようと行動を起こすようになっていくのです。

経営者が目指すべき理想の介護施設

利用者、家族、従業員、さらに関わるすべての人が一人残らず幸せになることができる介護施設、それこそが経営者にとって理想の介護施設だと私は考えます。

しかしどんなに従業員が高い人間力を身につけて輝きながら仕事をしていても、持続的に経営していかなければ、経営者としては失格です。そのためには利用者に来てもらうための経営努力が必要です。

介護施設の事業者にとって、ケアマネジャーの存在は重要です。私の施設では一点集中経営の理念に共感し、集客に協力してくれているケアマネジャーがいます。そのケアマネジャーの協力に応えるために、地域の高齢者が利用する介護施設には不可欠な地域社会とのネットワーク構築を積極的に進め、利用者や家族が最上級の幸せにつながるサービスの提供に努めてきました。そのうちに関わりをもった地域の皆さん、利用者、家族からポジティブな評判が口コミで広がるようになり、ほかの事業者のケアマネジャーが新規の利用者を次々と紹介してくれるようになっていったのです。

宣伝広告費をかけなくても、関わった人たちが施設で感じた幸せを、利用者の幸せ、家族の幸せ、ケアマネジャーの幸せ、そこから生まれる従業員の幸せとして周りに語ってくれるようになっていったのです。

1軒の民家を借りて定員10人から始まった小規模デイサービスが新しく施設を建設し、定員33人、合計契約数70人の利用者が通所する通常規模デイサービスへと成長してきています。

介護経営は「人」がすべて

介護という社会貢献を通して世の中を変えていこうと、私はデイサービス（通所介護事業所）を創業しました。そして利用者、家族、ケアマネジャー、そこで働く従業員といった関わるすべての人が幸せになり、あの場所にもう一度行きたいと思うような、介護業界はもちろん、それ以外の業界の経営者たちからも見本とされるような「介護のワンダーランド」を目指しています。

介護の仕事は利用者本位が大前提です。しかしそれを実現するには、そこで働く従業員が幸せでなければ、利用者を幸せにできないと考えています。

従業員の幸福感が、介護の現場で心のこもった本当のサービスの提供に直結するのです。逆に従業員自身の幸福度が低ければ、心のない形だけの偽りのサービスしか提供できません。

また、志高く介護の仕事に就いた人は、それぞれに自身の介護観をもっています。時にその想いが現場でぶつかり合います。ただ、創業当初の私のように自身の想いが強過ぎるとみんなが付いていけないことがあります。たとえ、それがどんなにすばらしい志であっても、介護の仕事はチームプレイです。志だけの個人プレイには必ず限界が訪れてしまうのです。

かつて私自身の想いが強過ぎて暴走しかけたときは、従業員とのコミュニケーションがまったく足りていませんでした。経営者は頭で考えるだけでなく、現場の状況を知ったうえで、従業員とコミュニケーションを深めることが問題解決のために最短の方法です。一点集中経営ならばそれをすぐに実践できます。私は介護の仕事でチームプレイの重要さを再認識し、従業員がチームプレイをしやすい環境を整えていくことに努力してきました。

同じく介護の現場で、利用者や家族のことで問題を抱えているケアマネジャーもチームの一員になります。私の運営する施設は一点集中経営のデイサービスのため、ケアマネジャーは外部の事業者に委託しています。それでも、従業員は同じチームのメンバーとしてケアマネジャーも含めて一緒に問題解決を試みます。すると、そのケアマネジャーからは大きな信頼を得られ、私の運営する施設なら利用者や家族が問題解決によって救われると、再び利用者を紹介してくれるようになります。

人によって救われた経験がある人は、困っている人がいたら同じように人を思いやることができるようになります。その循環が広がることで介護の現場で利用者や家族に還元することができれば、救われる人が増え、最終的には社会貢献につながり世の中が良い方向に変わっていくと信じています。

介護の現場では、すべてを一人で完結させるのではなく、ケアマネジャーまでも含めてゴールを目指して、手と手を取り合い、互いに協力し合うことで、利用者に対して心のこもった本当のサービスを提供することができるようになります。経営理念にも掲げている

「相手のことを思いやれる心」でそれぞれが連携を図ることができれば、必ずサービスの向上にもつながります。サービスの向上で利用者や家族の笑顔が増えれば、従業員の生きる喜びとなり、自身の価値に気づき人間力も高まるのです。

人に寄り添うことができる人間力の高い従業員の存在が、介護の仕事には絶対的に必要で、そのベースをつくるのが経営者である私の務めです。夢や理想を語ることも大切ですが、経営者は従業員一人ひとりがやりがいをもって、輝きながら働くことができる環境を整えることに尽力しなければならないのです。なぜなら、介護経営は「人」がすべてだからです。従業員一人ひとりが輝くことができれば、その集合体である企業はより大きく輝くことができます。

そのためには経営者である私が「相手のことを思いやれる心」で物事を考えられる人間にならなければなりません。そうでないと従業員たちは私についてきてくれないからです。人間力を高めることを怠らない経営者の背中を従業員たちに直接見せながら、一人ひとりと深く関わることができるベストな環境こそが、一つの施設にすべての経営リソースを注ぐ一点集中経営なのです。

従業員一人ひとりが輝ける場所として一点集中経営を貫き、経営者としてできる限りのことをやっていくと、従業員から心のこもったサービスを受けた利用者、家族、ケアマネジャーたちからポジティブな口コミが広がります。宣伝広告などしなくても、地域で人気のデイサービスと呼ばれるようになりました。利用者が途切れることがないので、赤字とは無縁の安定した経営ができています。求人を出さなくても、経営理念に共感した人たちが一緒に働きたいと面接を受けにきてくれます。

今では、利用者や家族、従業員の満足度が非常に高い介護現場として、群馬県にたった1カ所しかない一点集中経営のデイサービスへ全国の同業者が視察にやってくるまでに成長しました。

介護を通じて従業員と経営者の人間力を高めていく

私は介護の仕事で社会貢献し、世の中を変えていきたいと考えています。介護の現場からそれを実践するためには技術や知識よりも「人間力」の高さが最も必要です。なぜなら、人と人が直接的に関わる介護は、相手と心で理解し合わなければ、どんなに技術や知識があってもそれを活かすことができないからです。

残念ながら人間力は、学校の勉強ではなかなか高めることはできません。介護の現場で必要な人間力は、介護の現場でトライ・アンド・エラーを繰り返していくことで、確実に高めることができます。ただし、介護の現場がそれを許し、そのサポートや成長の過程を実感できる場でなければ、ただただ日々の業務に追われるだけで人間力は高められません。せっかく介護の現場に足を踏み入れたのであれば、そこで人間力を磨いてほしいのです。また、その環境として最もふさわしいのが人と人が密に関わることができる一点集中経営で、その過程を隣で見ることができる経営者も彼らから刺激を受けることで人間力を一緒に高めることができるのです。

人と人が密に関わる介護の仕事では、人間力を高めるための重要な要素が存在します。私は経営者になる以前の介護の現場から、それらに気づき、人間力を高めるためのトレーニングを積んできました。それを今度は経営者として、従業員に技術や知識よりも先に教えているのです。

あいさつはコミュニケーション力と洞察力の基礎

まずは「コミュニケーション力」と「洞察力」です。介護の仕事は人と人との関わり合いがすべてのベースになります。常に人間力が問われる現場といってもいいかもしれません。私の運営する施設では、誰もがすぐに実践できるコミュニケーション能力と洞察力を高めるトレーニングとして、心のこもったあいさつの実施を徹底しています。

あいさつは、誰でもできることで訓練など必要ないと思う人もいます。しかし、あいさつはコミュニケーション能力のベースとなります。ただなんとなく声に出すだけのあいさつでは意味がありません。相手の心に響くような、元気で明るく、活力に溢れたあいさつこそ相手と円滑なコミュニケーションを図ることができます。

なぜ、そこまであいさつにこだわるのかというと、介護の現場では、あいさつが時には命を救ったり、家族の支えになったりすることを私は現場の経験によって知っているからです。

あいさつはコミュニケーションを図るツールであるとともに、人の心の状態を表すバロ

図表８　介護職員に求められる４つの「人間力」

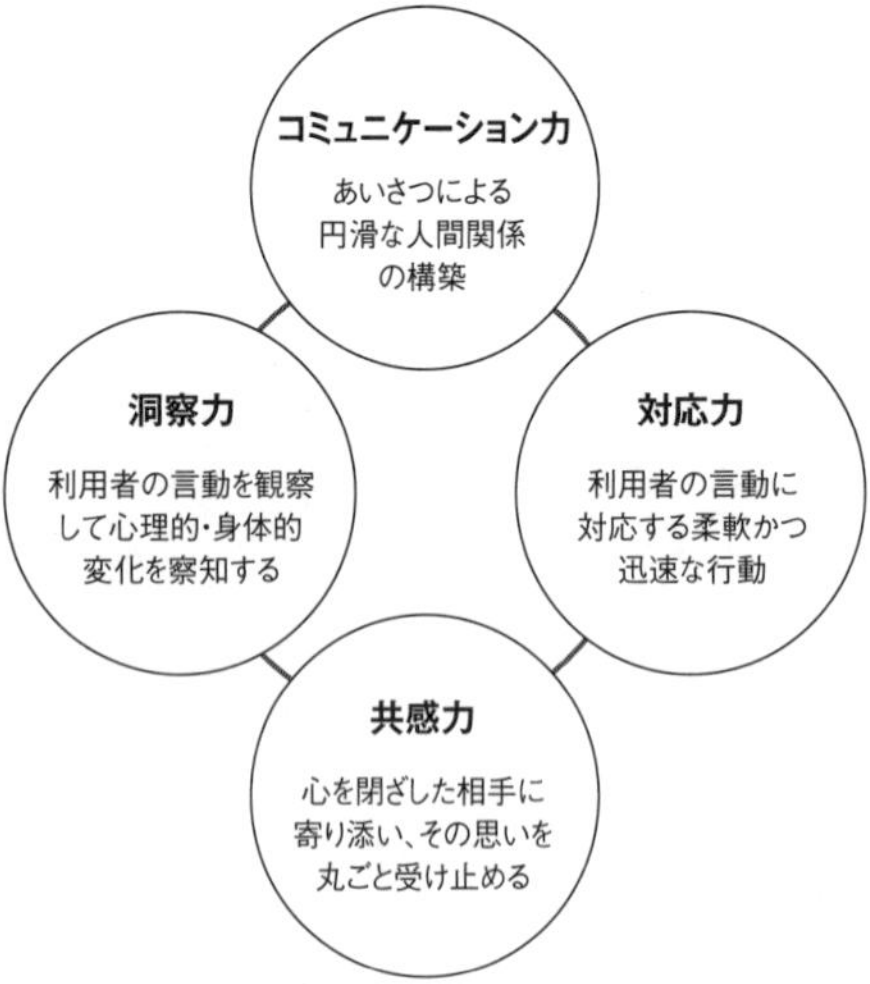
コミュニケーション力
あいさつによる
円滑な人間関係
の構築
洞察力
利用者の言動を観察
して心理的・身体的
変化を察知する
対応力
利用者の言動に
対応する柔軟かつ
迅速な行動
共感力
心を閉ざした相手に
寄り添い、その思いを
丸ごと受け止める

メーターでもあります。利用者や家族が元気のないあいさつを返していたらその人の健康や心の状態を察して気遣うなど、洞察力を発揮することが求められるのです。

元気のないあいさつは、体調が急変する前兆だと思います。そのことにいち早く気づけば、人の命を救うことができます。家族が元気のないあいさつをしていたら、大丈夫ですか？　と声を掛けたり、その後にメールなどで気遣ったりすることで救われることがあります。

私は経営者として、まずは従業員の

変化にいち早く気づけるように、あいさつによってコミュニケーションを図り、変化を感じたならば寄り添い問題解決に努めます。利用者だけではなく、従業員の心の変化に気づくことが介護の現場では必要だと考えています。

「ごめんなさい」と「ありがとう」は魔法の言葉

あいさつの次に大切にしているのは「対応力」です。介護職が介護だけをしていればいい時代は終わりました。時代の流れとともに、利用者から求められるニーズも変わってきており、介護職としての働き方の意識を変えなければならなくなりつつあります。そういった状況下で求められるのが、柔軟で迅速な対応をするための幅広い対応力です。これがあるかどうかで、利用者や家族との信頼関係の深さが変わってきます。

介護の現場で利用者や家族との信頼関係をより確固たるものにしてくれるのが、「ごめんなさい」「ありがとう」という魔法の言葉です。対応力の高い人はピンチが訪れたときに、この魔法の言葉を上手に使うことができます。迅速かつ素直な心からの「ごめんなさい」と「ありがとう」は相手の心を動かします。

一点集中経営の施設のトップであるからこそ、従業員の見本になるべく従業員に感謝することがあればすぐに「ありがとう」を、自分に非があれば言い訳などせずに「ごめんなさい」を心から伝えます。従業員はトップから直々にその言葉を掛けられることで、それが心にどのように作用するのか身をもって知っていきます。そうして、その重要性に気づいた従業員は利用者に対しても同じような対応ができるようになるのです。

例えば、施設に忘れ物をして帰った利用者に連絡をして「明日でもいいよ」と言われても、私の施設の従業員は「すぐに気づかずにごめんなさい」という謝罪の言葉とともに、必ずその日に家まで届けに行きます。

利用者や家族は「明日でもいいよ」と言いながらも、すぐに持ってきてもらえると素直に喜んでくれます。こういった「対応力」こそが確固たる信頼関係をつくっていくのです。

共感力は介護の仕事で大きな武器になる

介護の仕事で最も難しく、必要とされるのが「共感力」です。

お互いに心を開いた状態をつくり出す共感力は介護の仕事で大きな武器になります。利用者にとって、多くの従業員は自分の子どもや孫ほど年齢の離れた他人です。従業員は利用者から信頼を得られていないと、時には近づくことさえも許さないほど心を閉ざされ、介助を一切させてもらえないことがあります。

従業員は利用者に心を閉ざされないように、人生の大先輩である利用者を敬い、その人の人生観や価値観、生き方を理解していくことで心の距離を徐々に縮めていくことが必要です。そして最終的にはその人を丸ごと受け止める覚悟をもって接していけば、寄り添ってくれた従業員には必ず心を開いてくれるのです。

私の運営する施設では心を閉ざした利用者がいれば従業員は率先して寄り添うことに多くの時間を費やしています。ところが多角経営で効率性や能率性を重視する利益重視の事業所では、介護の真髄ともいえるその部分で心を閉ざした利用者の心の扉にノックすらせずに、土足で踏み込み力ずくで介助するようなことがよく見受けられるようです。効率性や能率性だけを優先するやり方をすればそうなってしまうことは避けられません。しかし介護の現場でこの順番を間違えてしまうと、利用者からはより強い抵抗や拒否を受けることになり、最悪の場合は通所拒否や利用の終了につながってしまうこともあります。

そうならないように、互いに心を開くことに時間をかければ、状況は大きく変わっていくはずです。そしてそういった介護をすることは、相手のことを思いやる心を育ててくれ、それによって確実に人間力が高まっていきます。さらに人生の大先輩である利用者から知識と知恵を授かるので、自らの人生をも豊かにしてくれます。

この関係は経営者と従業員にも置き換えられることがあります。何か問題を抱えているような従業員がいれば、私は共感力をもって彼らに寄り添います。私は経営者として、利用者同様に従業員に対してもリスペクトして心を開き、また彼らにも心を開いてもらう共感力の見本を示さなければなりません。

私は「人間力」の向上は、経営者と従業員の関係との合わせ鏡の状態にあると考えています。経営者の人間力が高まるほど、従業員の人間力も高まっていきますし、その逆もまたしかりです。そういった互いの姿を常に見せることができ、すぐに現場に反映できるのは、一点集中経営という限られた環境だからこそなせる業なのです。

利用者の残りの人生を伴走する仕事

介護職に就いた人は、利用者に対して人生の大先輩としての敬意と感謝の気持ちをもって、可能な限り彼らの人生の幕が下りるその日まで、人生の伴走者として寄り添い続けることを胸に誓っていくべきだと私は考えます。こうした想いは、一点集中経営による施設運営の結果、より人と深く関わることができるようになったことでさらに強くなりました。

例えば認知症の利用者は、それまで当たり前にできていたことが突然できなくなるなど、自身の心の置き場がなく常に大きな不安を抱えています。介護の現場において認知症の利用者に対する関わり方は非常に難しく、高い人間力が求められる場面の一つであると考えています。

本来、認知症の人がとる不可解とされるすべての行動には必ず意味があるはずです。それを理解しようともせずに従業員が認知症の利用者を邪険に扱えば、ほかの利用者も認知症の利用者を邪険に扱うようになっていきます。

逆に従業員が残りの人生の伴走者となって、不安な心に寄り添い愛をもって接していけば、ほかの利用者も認知症の利用者に愛のある接し方をするようになります。私が運営する施設では、認知症による問題行動からどこにも受け入れてもらえない人も積極的に受け入れてきました。背景には、私が以前に現場で経験したように、認知症の人が介護職の関わりで変わっていくギフトのような瞬間を従業員にも経験してほしかったからです。

まずは私が先頭に立ってそういった利用者に寄り添いました。そんな私の背中を見た従業員が、次々にその利用者の人生の伴走者として寄り添い始めます。そのうちにお互いの心の距離が縮まり、問題行動を起こしていた利用者は私たちがいるところを自分の居場所だと認識して、私たちに笑顔を見せてくれるようになります。この瞬間こそが介護の現場での大きなギフトです。そのうちに従業員からも、ほかの施設が受け入れに悩む人を受け入れようという声が上がり、自ら人生の伴走者になることに積極的になっていきました。

家族に対するレスパイトケアの重要性

もう一つ、私が考える利用者にとっての人生の伴走者は、介護のプロフェッショナルとして利用者の家族をいかなるときでも支えていく存在であることです。利用者にとって何物にも代えがたい人生の伴走者は家族です。だからこそ、そのかけがえのない存在が倒れてしまわないように、利用者の最期のときまで、穏やかな時間を過ごすためのお手伝いを介護のプロフェッショナル集団である私たちが担うのです。

医療や介護の専門職でない家族が要介護となった家族を介護するというのは、24時間、365日、疑問や不安を抱えることになります。そしてそれが利用者にも伝わり、家庭のなかの空気を不穏にしてしまいます。

私は個人の想いから、深夜でも、休日でも、家族とつながる携帯電話を持って対応していました。時には心配な家族にこちらからメールをして、様子をうかがうこともありました。常に寄り添う伴走者として、疑問や不安を抱えた家族からのSOSを業務時間外だからという理由で見過ごしたくなかったからです。

しかしこの私の伴走の方法を従業員全員に求めるつもりはありません。仕事とプライベートの時間をきっちり分けたい従業員もいるはずですし、個人の価値観を尊重するのも経営者としての責務です。とはいえ一方では、プライベートな時間などを削って働くことを強制ではなく、私の想いとして引き継いでくれる従業員の存在を求めていたのも事実です。

すると、ある従業員が誰に言われるでもなく、私の背中を見てきたことで、自ら率先してそれまで私が担っていた役割を引き継ぐと名乗り出てくれたのです。今では彼は、常に利用者の家族と連絡を取り、支えてくれています。

こういった人材が育っているということは経営者としての喜びであり、常に私の背中を見せることができる一点集中経営に取り組んできた賜物だと思うのです。

変わらないことへの安心感

一点集中経営により、経営者自ら行動に示すことでダイレクトに経営理念を従業員に浸透させ、経営者と従業員がともに人間力を高め合うことができます。また、人と深く関わることができるので利用者や家族に残りの人生の伴走者として最大限に寄り添えます。

これらに加えて、一点集中経営には、利用者、従業員ともに人の入れ替わりが少ないことから「変わらない」という安心感を得られるメリットがあります。

多角経営によって数多くの施設を経営する事業者でよくあるのが、従業員の配置替えです。それは従業員のキャリアアップであったり、人間関係のリセットや現場の雰囲気を簡単に変えることができたりというメリットがあります。しかし、利用者の多数を占める認知症の人たちにとって、環境や関わる人の変化は混乱を招きストレスになってしまうのです。

寄り添うことで信頼関係を深めてきた家族とも強制的に離され、家族は非常に不安に陥ります。そのうえ、新しく配属されてきた従業員と家族は新たに信頼関係を一から築き直さなくてはなりません。

利用者と家族にとって、それまでに培ってきた信頼関係から、自分たちの介護生活をよく分かってくれている従業員の存在は大きな安心感につながります。コンビニエンスストアの数より多いといわれているデイサービスで、人の入れ替わりが激しい介護業界において、ほかとの差別化を図るという意味でも一点集中経営によって生まれる「関わる人が変わらない安定感」は大きなメリットとなります。

従業員にとっても、一点集中経営によってそれぞれが適材適所に配置されて輝くことができれば、自らの仕事に自信をもつことができ、知識やスキルの向上心が自然と沸き上がりさらなるキャリアアップを目指すようになります。配置換えなどなくても、介護のプロフェッショナルとして輝ける場所を担当することができれば、人間力が向上し、現場の雰囲気も自ずと良いものになっていきます。

従業員たちの人間力が向上し、自分の居場所を見つけたならば、よりすばらしい環境にするために一緒に働く仲間のことを思いやる気持ちが生まれます。万が一、従業員の間で問題が起きたとしても、一点集中経営であるからこそ経営者の私が迅速に、従業員一人ひとりと向き合って、ともに話し合い、解決方法を一緒に考えることでより絆が深まります。

人が変わらないことが一点集中経営の大きなメリットであることは数字においても確認することができます。離職率が非常に高いとされる介護業界で、私の運営する施設は創業から約8年間は離職者がゼロでした。雇用形態は役員、正社員、パート、アルバイトとさまざまですが、創業当初から働いてくれていた従業員が8年間も変わることなく勤務し続けてくれました。
創業から12年を経た今も、従業員の平均勤続年数は5年以上をキープしています。これは介護業界では、なかなか見ることのできない数字だと、経営者としては誇らしく思っています。そして定着率が高いことで、求人広告に費やすお金や時間を節約できるというメリットも生まれました。

さらに、従業員の定着率が高いと、経営者は一人ひとりの従業員の得手不得手や個性を把握することができるので適材適所に人員配置を行うことができるようになります。適材適所で輝くことができれば、現場をより良いものにしようと業務改善が進んでいきます。従業員も一人ひとりの利用者と関わる時間が増えて、利用者や家族と深く信頼関係を築くことができ、お互いに心を開くことでほかでは提供できないような質の高い介護サービスを提供することができるようになります。

かつて、強い通所拒否を示す利用者がいました。彼の居場所となるには何をしたらいいのか、私は従業員とともに議論を重ねていきました。送迎車に乗ってもらうまでにかなり時間を要するので、この利用者だけ別便の単独で迎えに行くという工夫をしました。この作戦が功を奏し、車内で1対1で会話をしていくうちに徐々に彼は私たちに心を開き始めたのです。

会話のなかから彼は散歩が大好きだということが分かり、外への散歩介助を取り入れることにしました。ただ散歩するだけではなく、「目的達成シート」を作成して散歩のゴールにたどり着くことができたらチェックを入れるのです。帰り際にほかの利用者の前で目的達成状況を発表して、その頑張りを利用者や従業員が大きな拍手をすることで称え合います。ほかの利用者も彼の頑張りに心を打たれ、声を掛けて交流を深めてくれるようになりました。

実は彼は失語症で話すことでのコミュニケーションが難しい状態にあったのです。それをどうにかしたいと考えた従業員は失語症の研修に足を運び、失語症の人とコミュニケーションを取る方法を学び、お互いに深い信頼関係を築くことができたのです。

私は経営者として利用者が幸せになるための試みであれば、躊躇なく即実行する道を選びます。例えば「失語症に関する研修に行きたい」と従業員が言えば、その志を尊重し、可能な限り費用の負担もします。

利用者の幸せに直結するようなきめ細かいサービスや従業員が学ぶため研修に参加したいという申し出を面倒な稟議書などなしに「よし、やろう」と言える環境こそが、一点集中経営の施設のメリットです。こういった柔軟で迅速な対応は、マニュアル重視の多角経営の施設ではできないはずです。


多くの経営者が頭を抱えている従業員の賃金に関しても、一点集中経営だからこそ柔軟に対応できる場面はたくさんあると考えています。介護保険は3年に1回改正が行われます。そこには恒常的に人材不足が叫ばれる介護業界での離職防止や現場の環境の改善に対するものも含まれています。こういった経営者としてプラスとなる制度の知識を身につけ、あらゆることに経営者として常にアンテナを張ることで、従業員の賃金をアップするための伸びしろを探します。

例えば、サービス提供体制強化加算（有資格者の割合や勤続年数から質の高いサービスを提供する体制にある事業所を評価する加算）や介護職員処遇改善加算（従業員の賃金改

図表9　一点集中経営のメリット

メリット①	従業員の配置転換がないことで利用者にとって担当が変わらないという安心感がある。
メリット②	利用者のためのきめ細かいサービスを即断即決で実行できる。
メリット③	従業員の学ぶ機会を活かす場合に即座に対応できる。
メリット④	従業員の特性を把握しやすい。
メリット⑤	経営者が従業員一人ひとりのフォローに回ることができる。
メリット⑥	状況に応じて従業員の賃金のアップを即断で実現できる。

善を目的とした加算）の申請をするための条件を満たしたことで、従業員の賃金アップを実現しました。

集客の面でも、信頼関係を築いたケアマネジャーや利用者や家族からの口コミで、現状では常に定員がいっぱいで通所希望者は欠員待ちの状態です。そのため集客のための宣伝広告費も不要になっています。

常に定員がいっぱいのため、フランチャイズ化など多角経営を希望する声があるのも事実です。確かに多角経営をすれば、収益を今より増やすことができるかと思います。経営者としては非常にありがたい声ではありますが、私には確固たる経営理念があります。「相手のことを思いやれる心」と、それを実践することができる一点集中の「本物施設をつくり上げる」ことです。これを貫き通した結果として、広告費などほかの事業者では大きな支出となる部分を抑えることができているので、経営は早々に黒字化することできました。また、ぐんぐんと人間力を高め、経営者としての私の背中を追い越してくれそうな将来が有望な従業員も見られるようになりました。

私はフランチャイズ化ではなく、将来有望な従業員に私の経営理念を引き継ぐ一国一城の主になってもらい、介護業界から日本の未来を変える同志を増やしていく必要があると考えています。

利用者、家族、ケアマネジャー、三方よしの経営

施設の利用者とその家族を笑顔にすることは、経営にプラスの影響を及ぼします。そのうえで、さらにケアマネジャーも笑顔にすることができないと、一点集中経営の経営者としては経営を軌道に乗せることができません。

要介護認定を受けた人が介護保険による介護サービスを利用するにはケアプラン（介護サービス計画書）が必要となります。介護保険の単位の計算や各事業者への手配が必要なケアプランの作成は素人には分かりづらいことが多いため、多くの人がケアマネジャーに

作成を依頼します。つまり、介護サービスを利用する最初の窓口はケアマネジャーとなるわけです。

通所介護（デイサービスなど）、訪問介護（訪問ヘルパー）、福祉用具貸与などの介護サービス事業を多角経営している企業であれば、同じグループ内の事業者を包括的に利用してもらうという利用者の囲い込みが可能となります。つまり、多角経営をしている事業者は、自分たちが運営する居宅介護支援事業所（ケアマネジャーがいる事業所）と利用者がつながれば、あとはグループ内の事業者を利用するケアプランを作成して、グループ内で介護サービスを完結させることができてしまうのです。

一方で、利用者にとって公正中立なケアプランの作成のために、介護保険による介護サービスの利用が同一のサービス事業者（多角経営の企業）の80％を超えた場合、行政が認める正当な理由がない場合以外は介護保険により支払われる報酬が減算されるという「特定事業所集中減算」が、2021年度に改定されました。それにもかかわらず、介護業界では利用者を囲い込むことができる多角経営の企業が増加する傾向は変わりません。

こういった介護業界の背景があるなかで、一点集中経営の単体事業者としてデイサービスしか運営していない私の施設では、居宅介護支援事業所（ケアマネジャーがいる事業所）のケアマネジャーから利用候補となる人を紹介してもらって利用者の数が増えないと、利益を得ることができません。そのため、経営者としてはケアマネジャーと良好な関係を築くことが必要になるのです。

介護の現場監督的な役割のケアマネジャーの業務は多岐にわたり、在宅介護のケアプランを作る居宅ケアマネジャーであれば、1人で抱える利用者の上限は一般的に35人と理解されています。居宅介護支援の人員基準では35人に対してケアマネジャー1人を配置することが望ましいとなっているからです。しかし現実には、厚生労働省の「令和2年度介護事業経営実態調査」によれば1人あたりの実利用者数は、39・4人となっています。私と同じような理念をもって仕事をしているケアマネジャーであれば、困っている人を放っておくことができないので、35人の利用者を抱えて昼夜を問わず奔走することになります。

以前働いていた福祉法人でそういったケアマネジャーたちを見てきたので、その仕事がいかに大変であるかは十分に理解しているつもりです。それを知っているからこそ、私が運営する施設を選んでもらうことで、日々奔走しているケアマネジャーの力になりたいという想いを強くもっています。

そのためケアマネジャーから利用者の紹介を受けたら、受け入れられる状況にあればできる限り断ることはしません。たとえ、その利用者がほかのデイサービスから利用を断られるようなケアの難しい人だとしてもです。

私たちはその人の居場所をつくり「ここへ来て良かった」と思ってもらえるように最善を尽くし、どんな人に対してもご縁を得たならば、誠心誠意の対応を心掛けています。

例えば、ほかのデイサービスからは拒否された利用者を受け入れて、通所が可能となれば、それまで24時間休むことなく介護をしていた家族は要介護の家族が通所している間は介護から一時解放されます。通所することになった利用者と心を通わせ、私の運営する施設を居場所だと思って笑顔が増えれば、その気持ちは家族にも伝わって笑顔になってもらえます。

このようなケアの難しい利用者を笑顔にした話が、利用者や家族、ケアマネジャーに口コミで広がり私たちがつながることで、ケアマネジャーが抱える負担が軽減されるのです。

また、ケアマネジャーが抱えがちな問題として、利用者に紹介した介護サービスが継続利用されないというものがあります。人対人の付き合いなので、相性が合わない施設や介護スタッフに出会うことは仕方がありません。ただ、紹介した介護サービスが継続利用されないと、ケアマネジャーはまた一から事業者を探してケアプランを立て直さなければならないのです。

そこで私の運営する施設ではできる限り、利用者からも断られることのない継続利用をしてもらえる理念ファーストによる本物施設として、全力で利用者と家族、ケアマネジャーに寄り添う努力を怠りません。この施設でやるべきことが従業員にはしっかり浸透しているので、ほとんどの利用者が継続利用となり、通所の回数を増やしたいという利用者や家族からの申し出を受けることも少なくないのです。

この一連の流れにより、ケアマネジャーの負担が軽減されて、ケアマネジャーから大きな信頼を得て笑顔にすることができれば、ほかの事業者であっても私たちのような一点集中経営の単体事業者と同士のように深い関係を築くことができるのです。

私が最終的に目指しているのは、利益重視の多角経営を行う大企業が運営する事業者に所属するケアマネジャーに「グループ内のデイサービスよりも、そちらの介護のほうがこの利用者のためになる」と言ってもらえるようになることです。

彼らが一点集中経営のすばらしさを実感してくれたならば、多角経営による利益重視の経営方針に疑問をもつようになるはずです。そこで改めて、介護事業の正しいあり方を考え直すことができれば、介護業界の未来は大きく変わるはずです。

人生の終盤を楽しく過ごせる場所を目指して

介護施設は、利用者にとって行くたびに感動を与えてくれる場所にすることを目指すべきだと私は思っています。しかし多くの利用者が介護施設に対してマイナスのイメージを抱いています。

年老いて、社会や家庭での役割を失い、身体も思うように動かなくなり、さらに認知症を患って記憶も失っていきます。こんな状態になり行くところがなくなったから仕方なく来た、というように、介護施設は厄介払いの場のように思われることが多いのです。

しかし、利用者たちは戦後の日本を立て直し、今の私たちをつくってくれた人生の先輩たちです。私が人生をかけて選んだ仕事の場で、そんなマイナスイメージのままで人生を終えてほしくはありません。

介護施設には、利用者が人生のエンディングに向かうなかで、大切なものがポロポロとこぼれ落ちていく手のひらを優しく包み込む手となり、その手に新たな幸せをプラスする終の場所としての役割があると考えています。介護施設へのマイナスなイメージを払拭するには、業界に携わるすべての人が、利用者を人生の先輩として敬う気持ちをもち、知識や技術だけでは補えない最上級のホスピタリティをもって関わらなければいけないのです。

「人生の最期の日まで、ここで過ごすことができて良かった」と、過ごした時間を幸せ溢れるプラスのイメージで満ちた場所をつくり上げるべきなのです。

介護の現場における最上級のホスピタリティとは、介護のプロフェッショナルとしてはもちろん、人としてできる限りのことをすることだと私は強く思っています。以前、圧迫骨折をして車椅子生活になった利用者が、自由に動けなくなったことで生きる気力を失ってしまいました。通所の中止を申し出た家族に対してそれを保留にし、私と従業員は「あなたは私たちにとって大切な存在、生きていてほしい」という想いが伝わるような声掛けや、自己肯定感が再認識できるような取り組みなど、人対人としての関わり合いを続けたのです。すると光を失いかけていたその瞳に再び光が見えるようになりました。

人はどんな状態になっても、誰かにとって自分は大切な存在だと思われたいものです。それをいかにして利用者に感じてもらえるか、伝えていくか、生きる希望につなげるか、私たちは日々、まずは一人の人間としてできることを考えて「また、ここに来たい」という声につなげる努力をしています。

楽しいと感じる心、うれしいと感じる心、感動する心は高齢だろうが、認知症だろうが、人生の幕が下りるそのときまで、もち続けることができるはずです。そのためには、最上級のホスピタリティによる一流のサービスの提供が不可欠です。人はそれらの一流のサービスを受けたときに、心も身体も満たされ、「またここを利用したい」と思います。そういった思いが生まれるような場所で人生の終盤を過ごせる、終の場所に介護施設がならなければならないのです。

経営者としてこの理念を第一に貫き、理念が浸透した従業員による対応で利用者や家族が幸せになっていくと、その幸せは私たちのもとに巡り巡って戻ってきます。私が理想としているように、関わる人たちみんなが幸せになっていくのです。私は経営者としてそういった瞬間を幾度も経験してきました。

トラブルから強い信頼関係をつくっていく

デイサービスでは、些細なことで利用者同士のトラブルが起きることがあります。特に、互いのこれまでの日常生活でこだわっていた部分で衝突してしまうようなことがあります。しかし、些細なトラブルを面倒だと思わずに真摯に対応することが大切です。

先日もコップの洗い方でもめている二人の女性がいました。そのうちの一人は独居で、今回のもめ事はその人の強い口調が原因のようでした。従業員が間に入ることでその場を収めて、営業時間外にその利用者の家を訪問して、30分以上じっくりと話し合うことで、もめてしまった相手の利用者との関係改善を図りました。

話し合いのなかで、その利用者はデイサービスでもめてしまったことを離れて暮らす娘さんには知られたくないという気持ちが強いことが分かりました。そうは言っても、事業者として、独居の利用者の家に上がらせてもらったということを家族に報告しないわけにはいきません。

娘さんには、私たちと連絡を取ったことを母親には内緒にしてもらう約束をして、一連の報告をしました。電話の向こう側の娘さんは、私たちの気遣いに感謝とお礼の言葉を掛けてくれました。こうした些細なことも面倒がらずに真摯に対応していくことで、利用者や家族との信頼が積み重なっていくのです。

たとえ些細な問題でも誠心誠意対応をしないと利用者や家族のなかで私たちに対する不信感が生まれてしまいます。それが原因となり、違う事業者に利用を切り替えられてしまうこともあり得ます。

信頼関係が構築できず、利用者が減ってしまうことは、一点集中経営の経営者にとっては死活問題となります。些細な問題も見逃さないというのは介護の現場では当たり前の対応です。経営者としてもスピード感をもって細やかな対応をすることが利用者や家族との信頼関係を構築するうえでは大切なことなのです。

介護にこそ必要な、きめ細やかな心遣い

私や従業員の対応を最高のおもてなしだと喜んでくれる利用者がいました。彼女は、「私の気持ちだから」と従業員にお金を渡すようになりました。従業員が受け取ることを遠慮しても、認知症の彼女は通所のたびにお金を従業員に渡そうとします。

介護のプロフェッショナルとしてプライドをもって働いている従業員は、すぐに私に報告してくれました。そして、この利用者の思いを大切にするにはどうするべきかをみんなで考えたいと申し出たのです。このようにすぐに経営者に相談ができて、従業員同士で一つの問題に向き合うことができるという風通しの良さも一点集中経営ならではです。

話し合いの結果、私たちはまずは「ありがとうございます」とその場では彼女を傷つけないようにお金を受け取り、月々の支払いから、受け取った金額を差し引くことを家族に了承してもらいました。利用者の家族からは私たちの提案に対して、母の気持ちを大切にしてくれてありがとうございます、と感謝をしてくれました。

本部が経理を一括で担っているような介護事業者では考えられない対応かもしれません。利用者にとってベストな方法を迅速に模索し、すぐに実行できるのは、一点集中経営の強みでもあります。

マニュアルではなく、心で物事を考える

利用者が楽しんで通所するようになると、不思議と家族が私たちに寄り添ってくれるという現象が起こります。きっと、家族ともフレンドリーな関係になると、互いにさまざまな話をするようになるからかと思います。

あるとき、私が多忙で朝食を取ることができていないことをある家族に話すと、朝の送迎時にいつも菓子パンを手渡してくれるようになりました。私はその気持ちがうれしくて、素直に菓子パンを受け取り、心からの感謝を伝えました。すると家族の顔がパッと明るくなるのです。しかしマニュアルを基に動くような施設であったら、この行為は許されることではありません。

こういった家族とのやり取りは介護の仕事ではありませんし、もし介護の仕事に含まれ

ていたとしてもきちんと決められた報酬を得ているので、それ以上のものを求めてはいけません。しかしあまりに過剰でなければ、経営者として私は規則よりも、まずは私たちを思ってくれる気持ちを大切にして受け取ってもよいと考えています。家族の想いが込められた菓子パンは私に大きなパワーを与えてくれました。

利益だけに目がくらみ、ささやかだけど人として大切な幸せに鈍感になってしまってはいけません。経営者は人として大切なことを見失わずに、利用者や家族、従業員に対して心で考え続けていく必要があるのです。

利用者の一歩踏みだす勇気を全力でサポートする

私の運営する施設では、通所を検討中の利用者のためにお試し利用という期間を設けています。そもそも高齢者にとって、ましてや認知症を患っていたりする人が新しいことに一歩踏みだすには、私たちが想像する以上に勇気が必要になるのです。例えば、本来は家でゆっくりしたいのに、わざわざ施設に行くことが理解できない人もいるはずです。

それでも自身や家族の事情により新たな一歩を踏みだしてもらう利用者に、「ここはあなたの居場所で、ここにいる人たちはあなたの味方」という想いを従業員が戦略的にチームで一丸となって伝える努力をしています。

大勢が乗り合わせている送迎バスでは身構えてしまう人もいるため、初めてのお迎えはその人一人だけを迎えに行き、施設に到着するまで車の中で従業員とコミュニケーションを深めます。こういった柔軟な対応ができるのも一点集中経営のメリットです。

施設に到着したら、送迎に出向いた従業員とともに施設の中に入ってもらいます。認知症の人たちは、記憶の部分が衰えていく代わりに、エモーショナルな部分が非常に敏感になり、楽しかったことや悲しかったことを感情として心の中に残しているような場面を私はこれまで介護の現場でたびたび目にしてきました。

そういった経験から、初めての場所で感情的な不安が残らないように、温かく、居心地の良い空気感を従業員全員でつくり上げます。そこで重要になるのは、やはりあいさつです。「元気のいい居酒屋みたいだ」と言う人がいるように、その人の顔を見て、従業員全員がお試しで来た人の手を握り、明るく元気にあいさつをすることで場を温め、緊張をほぐします。手こそ握りませんが、家族が見学に来たときにも同じことを行っています。

形だけの無機質なあいさつでは、初めて施設に来た利用者や家族は不安が増すばかりです。最初の出会いの場で、臨機応変に対応できる一点集中経営のメリットを活かし、利用者はもちろん、家族にも「ここに親を預けたら安心だ」と思ってもらえるようにすることも介護施設の重要なミッションです。

帰宅時には、その日に撮影した写真を思い出としてラミネート加工したものに従業員のメッセージを添え、お土産として持ち帰ってもらいます。もし、認知症でその日のことを忘れてしまっても、楽しかったという感情的な部分に触れることができていれば、その写真を見ることで心の中がふんわりと温かくなります。

以前、お試し利用をした人が楽しかったからと、自宅から一人徒歩で来所したことがありました。通所を決めた人からは、最初は週1回の利用から週2、週3、できれば毎日利用したいと言ってくれる利用者もいます。

私たちの想いが伝わり、利用につながれば、家族の介護負担を和らげることができます。家族を支えることにもつなげながら、利用者にとって施設への通所は、外に出ることで刺激を得たり、施設内で身体を動かしたりするといった生活のハリになります。与えられたご縁から幸せが循環するように、精一杯寄り添うことこそ大切です。

［第3章］

地域イベントの開催、オーダーメイドの研修、従業員主体の評価制度サービスの質を高め利用者を幸せにするための本物施設づくり

施設づくりは従業員との理念共有から

私の運営する施設では、利用者にとって理想の介護施設をつくるために、会社の理念や行動指針を示した「クレドカード」を採用しています。クレドとは、ラテン語で「信条」「約束」を意味します。創業者がつくり上げた理念を具体的な行動指針に落とし込み、表記したものがクレドカードです。クレドカードの導入は、その企業が進むべき道を明確に示し、職種やチームなどが異なる従業員にも共通の理解を促し、企業としての統一感を生みだします。また、チームの結束が強まり、個々も企業理念に沿った役割を果たすことで企業のブランド価値を高めます。

私はさまざまな価値観をもった従業員が一丸となり、志高く同じ目標に向かい、最高の仕事を実現するためにクレドカードが有効であると考えています。また、新たに人材採用をした場合にも、具体的な行動指針が示されたクレドカードがあれば、その企業の従業員としての心構えが理解しやすくなります。

私の運営する施設のクレドカードは、会社設立から4年目に経営者の私を除く従業員全員で会議を重ねて意見を出し合い、時間をかけてつくりました。完成したクレドカードを見た私は、私の理念が従業員にしっかりと伝わっていたことに感動しました。従業員にとっても、上から押し付けられたものではなく、自分たちで納得して決めた行動指針だからこそ、守ろうという意識がより働きます。

実はそれこそが私の戦略でもあります。会社全体の行動指針を、従業員が自ら考えて決めるということができるのも一点集中経営のメリットです。大企業による多角経営では、従業員全員が納得する行動指針を従業員全員で決めるということは不可能に近く、まずあり得ないと思います。従業員の意思にかかわらず企業のトップだけで決めた内容を一方的に与えられ、それに従うしかないのです。

利用者との信頼関係づくり

私の運営する施設では、従業員全員が常にクレドカードを携帯しています。毎朝、利用者にもA４用紙にコピーしてラミネート加工したクレドカードを配り、目の前で読み上げています。そして利用者には、クレドカードの約束を守れていない従業員がいたら指摘してくださいと伝えています。

さらにその日の業務が終わると終礼時にもクレドカードを復唱しています。毎日2回読み上げているので、私も従業員もしっかりと頭の中に叩き込まれ、見なくても暗記してしまっています。

また、利用者ともクレドカードを共有することで、信頼関係を築くきっかけにもなります。利用者が施設の理念に共感すれば、施設への愛着を促し、ブランドイメージの向上にもつながります。

ただし、単にクレドカードを作るだけでは意味がありません。こうして毎日従業員全員で向き合うことで、形だけの行動指針にすることなく身体の中まで浸透させるのです。経営者の私には、クレドカードを作り上げた従業員全員の想いを、建前ではなくしっかりと軸にしていく役割があるのです。そのため、「守れていない仲間を放置しません」という強めのワードをあえて使っています。

このクレドカードは改良を重ね、作成から数年後には従業員がつくり上げた行動指針のほかに、会社が従業員に対して示す行動指針も掲げました。それは会社と働く従業員がひとつになり、目標に向かってお互いに切磋琢磨し合って成長できる仕組みをつくりたいと思ったからです。会社から従業員へ、従業員から利用者へ向けての行動指針が示されたクレドカードにバージョンアップして、お互いの立場でのあり方がより具体的になったのです。クレドカードを導入して以来、従業員と利用者や家族との関係性に少しずつ変化が現れ、これまで以上に信頼関係が構築されていると感じるようになりました。

未来の行動に対する期待が信頼の本質

私が考える「信頼」とは、その人の未来の行動に期待する行為や感情のことであり、この人なら大丈夫という目には見えない安心感、そして心から相手を信じられるということです。それは決して1日で築き上げられるものではなく、日々の積み重ねで得られるものです。

利用者やその家族から信頼されるということは、私たち従業員が必要とされていることです。必要とされたら、私たちは期待以上のことを提供しようと自然に努力をします。そ

図表 10　クレドカード

《表面》

—私たちの信条—

一人ひとりの
人生に寄り添い
共に生きる

このクレドは株式会社Preciousで働く従業員全員の根本的考えであり、仕事をする上での行動基準となるものです。
私たちはこの基準を受け入れ、このクレドにもとづき判断・行動致します。
また、このクレドを決して建前とせず、守れていない仲間を放置しません。

《裏面》

1.私たちは、自らの仕事に高い誇りを持ち、プロフェッショナルとして安心・安全かつ貴方様に信頼して頂けるために邁進することを約束します。

2.私たちは、最高の笑顔と挨拶で、貴方様の心に光を灯すことを約束します。

3.私たちは、職員間の空気を大切にし、チームの輪を乱しません。「みんなは一人のために、一人はみんなのために」支え合うチームを創ることを約束します。

4.私たちは、貴方様の予想を上回る感動をお届けすることを約束します。

5.～感謝～(私たちは、精一杯の愛で貴方様を包み込むことを約束します。)
～お詫び～(私たちは、貴方様の意見を尊重し、共感し、誠意を持って対応することを約束します。)

6.今日、貴方様と出会えたことは、70億人分の1の奇跡です。私たちは、その奇跡を大切にします。そして心からのおもてなしで「あなたに出逢えて良かった」と感じて頂けるように尽くすことを約束します。

Preciousは、
従業員が向上心を持って取り組む事に対し、他方角から協力し、志ある人材を大切に育てていくことを約束します。

Preciousは、
従業員一人ひとりの感性と多様性を大切にします。個が最大限の可能性を活かせるために、また、組織力を高めるために、環境を整える事を約束します。

Preciousは、
従業員一人ひとりの人生に寄り添い、共に生きることを約束します。

の結果、感動を与えることができ、利用者の満足度につながり、施設全体の評価が向上するのです。

組織として絆を深め、個々のエンパワーメントを高め、社会に貢献できる法人の確立を目指すためにも、クレドカードは必要不可欠なものとなっています。

ザ・リッツ・カールトン・ホテル日本支社の元支社長・高野登さんはクレドカードを活用し、ザ・リッツ・カールトン・ホテルの成功を導きました。私は、ホテルも介護施設も「人」に喜ばれるサービスを提供するという面では同じだと考えており、お客さまに対するホスピタリティの精神や質の高いサービスの本質に関する高野さんの考え方には大変感銘を受けました。

これまでに高野さんの講演に複数回参加している私は、最後の質疑応答タイムに毎回同じ質問をしています。それは「どのようにしたらクレドカードを従業員にうまく浸透できるようになるか、うまく活用できるようになるか」ということです。

それに対して高野さんは、「継続して何回も同じことを繰り返していくことで初めて浸透するし、自分たちがこういう思いで仕事をしているのだという気持ちが芽生えてくる」と答えてくれます。

クレドカードの内容は、当たり前といえば当たり前のことですが、その当たり前がなかなかできず、頭では理解していても行動に反映できないこともあります。だからこそ、従業員全員で毎日の復唱を積み重ね、お互いに確認し合っていくことが大切なのです。

私の運営する施設がザ・リッツ・カールトン・ホテルに近づくことは到底難しいことですが、クレドカードの存在はそれくらい高い志をもちながら日々の業務に取り組むきっかけになっていることは間違いありません。

外部の学びの場を積極的に提供する

専門的な知識やスキルが必要な介護の現場では、従業員のスキルアップのためにも研修が必須です。私が独立する前に勤務していた施設は大きな組織だったこともあり、従業員が順番で定期的に研修を受けることになっていました。もちろんそれは従業員育成のために重要な取り組みですが、本人に学ぶ姿勢がなければ得るものは何もありません。

私の運営する施設では、介護保険制度上で実施が定められている法定研修以外では、形式的な研修は行っていません。私自身、経営者として外部の初任者研修などで講義をすることもありますが、従業員にはもっと身近なところから学んでほしいという考えがあるからです。

例えば、プライベートで自分が顧客の立場でコンビニエンスストアなどを利用した際に、店員の態度からどのような気持ちになったかをしっかりと感じ取り、それを従業員全員でシェアするということを日常的に行っています。私の施設では利用者が顧客ですから、顧客の気持ちを理解するには自分が同じような立場になって学ぶことが近道だと考えています。

未経験者や資格をもたない初心者を採用した場合でも、机上ではなく現場に出て生の介護を学びながらスキルを身につけてもらいます。高度な技術はやりながら覚えていけばいいのです。それよりも、前職や性格などから個々の特性を経営者が見極め、適していることから始めてもらいます。足りない部分はチームで補い合いながら現場を学んでもらうことが、従業員それぞれにとってのオーダーメイド研修ということになります。

自分の特性に合った仕事から無理なく始めて、実地で仲間たちに助けられながら学ぶことで、仕事への愛着や意識が高まり、利用者に対する理解も徐々に深まっていきます。

私は従業員から外部研修で学びたい、資格を取りたい、ほかの施設の見学をしたいといった申し出があれば積極的に応援します。自ら学ぼうとするチャレンジ精神は経営者としてとてもうれしいことなので惜しみなく送りだします。それがたとえ介護の分野でなくても、本人が仕事に役立つと判断したことであれば参加を許可します。それに必要な費用や交通費に加えて、食事ができる程度の小遣いを出してあげることもあります。そのせいか分かりませんが、従業員からは自らやってみたい、学びたいという声が絶え間なく上がってくるのです。従業員の前向きな姿勢は職場全体に伝播し、さまざまなアイデアが生まれるきっかけにもなっています。

こうした経営者の柔軟な対応は、一点集中経営だからこそできることなのです。大企業による多角経営の施設ではこうはいきません。鉄は熱いうちに打てといいますが、従業員の向上心に即座に応えてあげることは、本人のモチベーションアップに直結します。

経験・キャリアばかりで従業員を評価しない

介護業務はチームで関わることが多く、現場をまとめるリーダーや管理職などの役職者が重要な役割を果たしています。役職者は事務的な作業もしつつ、うまく現場を切り盛りしていくことが重要な任務です。

しかし離職率が高く、常に人材不足の介護業界では、リーダーを担える人材が不足しています。このような背景から、介護福祉士やケアマネジャー、社会福祉士といった保有資格、介護業界の経験年数だけを見て採用し、現場リーダーのポジションを与える介護施設が多いことに危険性を感じています。それはどんなに高度な介護スキルをもっていても、リーダー的ポジションが適任であるとは限らないからです。チームの連帯感や職場の雰囲気にも影響を及ぼし、場合によってはサービスの質の低下にまでつながりかねません。

保有資格や経験年数だけで判断してそのポジションを与えたところで、施設の運営やチームの指導に必要な能力が不足しているケースもあります。従業員や利用者への適切なケアの提供に支障をきたせば、利用者からの苦情につながり、従業員の満足度も低下します。

逆に、キャリア重視で役職を与えることで、本来のスキルや専門性を発揮できないケースもあります。例えば、優れた介護スキルをもつ人にリーダーや管理職の役職を与えると、施設運営や事務的作業が増えて介護業務から離れがちになることがあります。その結果、介護スキルの向上や現場のニーズに対する理解が欠ける可能性があるのです。

あいさつは特に重要な評価基準

どの企業でも人事を評価するための制度があり、昇進・昇給を検討するうえでなくてはならないものです。その手法は企業によってさまざまですが、一般的には業績やスキル、勤務態度など、第三者が見て判断しやすい評価基準を基にする場合が多いようです。

私が運営するデイサービスのように人を介助することが仕事の場合、数値化して業績判断できる要素が少なく、一般企業のような評価制度をそのまま採用するのは難しい側面があります。そこで私の施設では、従業員が自ら評価をし、提出してもらった書類を基に私と2度の面接を実施し、評価内容を確認していくという手法をとっています。

この評価制度でもクレドカードが欠かせない役割を果たします。クレドカードの6個の項目に対して一つひとつ従業員全員に細かく自己評価をしてもらうのです。

例えば、クレドカード1番目の「私たちは、自らの仕事に高い誇りをもち、プロフェッショナルとして安心・安全かつ貴方様に信頼して頂けるために邁進することを約束します」では、プロフェッショナルに関してスキルを高めることをやっているかを評価します。

2番目の「私たちは、最高の笑顔と挨拶で、貴方様の心に光を灯すことを約束します」では、お客さまに対して本当に自分から積極的にあいさつができているか、というようにクレドカードの1つの項目に対して5個程度の行動指針のチェック項目を設けて細かく確認していきます。

特に2番目の「最高の笑顔と挨拶」ができているかどうかはとても重要視しています。朝、従業員が出勤して玄関を開けたとき、あいさつの声のトーンや表情はしっかりチェックします。それは玄関を開ける瞬間にスイッチを入れてもらいたいからです。

介護は接客を伴うサービス業ですから、仕事以外の考え事をしながらのあいさつは、利用者と接しているときや送迎で家族に会うときなどに伝わってしまいます。また、本人は無意識でも声のトーンが暗く感じるときは、私から声のトーンを意識するよう直接伝えています。何事も無意識で行動するとどうしても素が出てしまうので、どんなときも利用者や家族に見られている意識はもってもらいたいのです。

さらに送迎など外から事業所に帰ってきたときも「ただいま戻りました」「おかえりなさい」という元気なあいさつがあると、現場のフロアの雰囲気がとても良くなり、利用者も敏感に感じ取ります。現場ではそういうことを、無意識にできるレベルまで高めていく必要があります。

それ以外にも、従業員が現場でしっかり行動指針を守っているかを確認するために、抜き打ちチェックをすることもあります。例えば、私が意図的に外から事業所に電話をかけて、従業員の電話の取り方が適切かどうかを確認します。

このように、私も普段から現場を通して従業員を見ているので、面接時には自己評価と私から見た外部評価を照らし合わせていきます。またこうした評価制度を年に2回、ボーナス前に行っています。ボーナス査定にも響くため、この時期は従業員の行動意識が特に高まる相乗効果が生まれます。

経営者が従業員を直接評価して査定に反映することは、現場に出ている経営者ならではであり、全従業員に理念ファーストという考え方が浸透しているかどうかを経営者自ら確認ができる機会でもあります。従業員にとっても、現場に出ている経営者からの評価に納得感が得られれば、モチベーションアップにつながると考えています。

チームプレイの介護サービス

介護の仕事は決して一人ではできません。利用者の車椅子を押したり、椅子から移乗させたりといった人手が必要な介助の場面はもちろんですが、スキル的にも精神的にもチームプレイで互いに補い合うことで現場がうまく機能します。

従業員同士がチームで相互に学び合うことによってスキルアップが促され、チーム全体の成長につながります。また、失敗も成功もチームで分かち合えば、チームの仲間意識や結束力がより強固なものになるのです。さらに、チームでコミュニケーションを活性化させると、そこから新しいアイデアや解決策が生まれ、一人よりも効率的に業務を進められます。そのようなチームプレイが定着してくると、職場がとても明るく良い雰囲気になります。

現場では毎日さまざまな問題が発生します。特に人の命に関わることもあるので、一人で全部抱え込むとすぐにメンタルが崩壊してしまいます。心に余裕がないときに認知症の利用者とやり取りをしていると、イライラしてしまう気持ちが芽生えることもあります。介護のプロといえども、こちらも人間なので気持ちの浮き沈みがないわけではありません。そんなときに、チームのほかの仲間がフォローしてくれたら、次は自分が誰かのフォローをしてあげようという気持ちになります。常に、お互いさまという気持ちをもち、できる人が率先してフォローし合えばいいのです。

認知症の人は本当に突拍子もないことをするので、真面目な性格の従業員ほど理解不可能な状態に陥りがちです。そのような真面目な性格の従業員には、認知症の人の不思議な世界に一緒に入り込むと楽しめるというアドバイスをしています。認知症の方はとても心がピュア、つまり純粋な人が多く、そのような利用者の前では私自身も素の状態でいられることを不思議に感じています。

私の運営する施設のチームプレイでよくある実例を紹介します。

利用者Aさんに何か制作物を作ってみたいという気持ちがあり、その意欲を引きだしてあげた従業員が、支援策を考えるケース会議でAさんの夢の実現を提案します。Aさんの夢を叶えてあげるために、私たちはすぐに具体的に話を進めます。どのようにアプローチしたら実現できるか、チーム一丸となって作戦を練ります。このようなことは、チームで関わらないとできないことなのです。

新規の利用者が私のデイサービスにお試し利用で来てくれたときは、従業員がその利用者のやりたいことを引きだします。そして、また来たいと思ってもらえるように、次に来たときはこれをやりましょうと約束をするのです。もし家でこういうことができたら次に来るときに持ってきてくださいねと宿題を与えると、またデイサービスに来るきっかけにつながります。

介護施設を利用している高齢者は、「危ないから火を使うのはやめて」「食器が割れるから洗うのはやめて」といった具合で、何かと否定されてしまうことがあります。人はいくつになっても自分の行動や、言動を認められることで自己肯定感が高まります。私の運営する施設に通所することになったのならば、従業員全員で利用者の意欲を引きだし、その人の存在価値をつくってあげたいのです。そうすると利用者がいきいきして、私は生きていていいんだ、私の居場所はここにあるんだ、またあのデイサービスに行きたい、という気持ちにつながります。

私の施設ではチームプレイが当たり前になっており、従業員全員が自由にアイデアを出し、すぐに実施に向けてケース会議で作戦を練るという流れの繰り返しです。仕事が休みの従業員も自宅でできることを進めてくれるなど、すべての従業員が一丸となり積極的に関わり合ってくれます。

こうした柔軟な取り組みは、一点集中の小規模施設だからこそ可能であると考えています。もし同じことを大企業の多角経営の施設で提案しても、個別の案件にいちいち対応するのは非効率と却下されるかと思います。また、経営者の理念や想いが浸透していない職場であれば、自分の理想ばかり押し付けてくる従業員もいるかもしれません。たとえチームであっても、そのような人がいると現場はなかなかうまく回らないのです。

利用者は口コミで増える

利用者も家族も満足するサービスを提供することは、施設にとっても大きなメリットとなります。私の運営する施設は、広告宣伝費をかけていないにもかかわらず、常に利用者の定員を満たしています。

なぜなら、理念ファーストに基づいた日々の業務に加え、地域を巻き込んだ地道な活動によって、利用者やその家族、地域の人の口コミで評判が外部まで伝わり、それが集客につながっているからです。さらには、評判が地域のケアマネジャーの耳にも入り、新規の顧客を紹介してもらえるケースもあります。利用希望者からの連絡が途絶えず、時には1日に10件断ることもありました。それでも私の運営する施設を希望され、定員の空きが出るまで待っていてくれた人もいます。「行列のできる店」ではありませんが、経営者としてはそういう事業所こそ顧客から求められる介護施設だと認識しています。

これは介護業界の闇でもある話ですが、ブローカーから高齢者の斡旋を受けて事業所を満床にする施設もあります。そうではなく、やはり良い口コミが広まって希望者が集まる事業所を本物施設ということができるのです。

人は感動するとほかの誰かに伝えたくなる心理的特性をもっています。昨今のＳＮＳで有益情報をシェアしたり、「いいね」をしたりする行動がまさにそれに当たります。介護においても感動を呼ぶサービスを提供すれば、人から人へと伝わり、広告宣伝費をかけなくても利用者が向こうからやって来るのです。

口コミでやって来てくれるのは利用者だけではありません。私の運営する施設の従業員は、私の知人や従業員の紹介など、つながりのある人からの採用がほとんどだったため、求人広告を出すことに抵抗があり、これまで一度も利用していませんでした。

求人広告も求人募集も出していないにもかかわらず、求人の問い合わせが入ることもあります。そこまでして私の施設で働くことを希望する人材は、私の施設のことをよく調べて前向きに理解しようとしており、すでに企業理念に共感しているような人ばかりです。人材不足の介護業界にいながら、ありがたいことに人材には恵まれて困ることがありません。

経営者にとって人材採用は大きな賭けです。履歴書や数回の面接だけで自分の組織にふさわしい人材かどうかを見極めるのは正直難しいことです。しかし、質の高いサービスを提供し続けることで感動を呼び、口コミだけで集客ができ、さらには優秀な人材採用までもできるのです。一点集中経営だからこそ従業員全員に理念が浸透し、最高のパフォーマンスが発揮できると、口コミだけでも黒字経営ができるというメリットがあるのは間違いありません。

介護事業所の地域との関わり方

介護施設が地域に受け入れられ理解者が増えれば、利用者も従業員もより幸せになれます。また、地域でさまざまな活動をすることによって、私の運営する施設の存在を知ってもらうきっかけになり、施設のブランディングにもつながります。

私たちはこれまでに地域清掃やあいさつ運動、夏祭り、クリスマスにはイルミネーションの点灯などを実施してきました。従業員と一緒に月に1度の地域清掃をしていると、地域の人に顔が広がり、向こうからもあいさつをしてくれるようになりました。事業所を移転拡大する前の小規模経営だった頃は、朝、送迎に出ない従業員が施設の前に立ち、目の前を車で通る人たちに「おはようございます」「いってらっしゃい」と元気よくあいさつをする活動もしていました。

介護施設が身近でない人にとっては、近づきにくい場所、話しかけにくい集団といったイメージがあるかもしれません。しかしこちらからあいさつをしたり声掛けしたりすることで、元気な従業員がいる施設と認識され、地域の人に声を掛けられたり、私たちに興味をもってもらえるきっかけになりました。

私たちがいつも元気で親しみやすい集団であることが地域の人に伝わると、施設や利用者に対する見方も変わります。あそこの施設の利用者はみんな楽しそう、いつか自分の親の介護が必要になったときのために気に留めておこう、と思ってもらえるのです。地域でのブランディングが向上すると、その施設の利用者の満足度も高まります。

2018年には、日頃世話になっている地域の皆さんへの感謝の気持ちを込めて施設内で夏祭りを開催しました。当日は、30組もの利用者の家族が来訪し、お子さん、お孫さん、ひ孫さんまで集まったほか、地域の大人から子どもまで250人以上が参加して大盛況に終わりました。

準備は数カ月かけて利用者の皆さんとともに進め、さまざまな制作物を作ってもらいました。模擬店の文字は書道の先生だった人に、駄菓子コーナーの棚は元大工だった人に、流しそうめんの竹も利用者の皆さんで作ってもらいました。模擬店の売り子も利用者の皆さんが担当しました。

こうして、利用者に役割を与えることで存在価値を高め、もっと施設に足を運びたいと思ってもらえるのです。さらに、利用者の活躍を地域の人に広く見てもらうことは、施設の大きなアピールにつながります。「百聞は一見にしかず」といいますが、実際に来所して現場を見てもらうことほど施設の様子がリアルに伝わることはありません。さらに、夏祭りに参加した地域の人から人へと、施設の良い口コミが勝手に広がるのです。夏祭りの実施は、準備期間や予算、通常業務以上の労力が必要であり、決して簡単にできることではありませんが、それ以上の費用対効果を生みだしました。

夏祭りは毎年の開催を目指して2019年も実施し、前年を上回る300人以上の人々に参加していただきました。2020年以降はコロナ禍により中断してしまったため、頃合いを見てまた再開する予定です。

今後の取り組みとして、私の運営する施設を地域の子どもたちをはじめ、老若男女が集える場所にしたいという目標があります。地域でここは安全な場所、何かあったときに助けが求められる場所だと認識してほしいからです。子どもたちのために駄菓子屋をつくったり、春休みや夏休みに気軽に立ち寄ったりしてもらえるような仕掛けをつくろうと考えています。

このような取り組みは、私や従業員のふとした思い付きから始まることもありますが、こうしてすぐに実現できるのは、煩わしい社内稟議などが不要の、まさに一点集中経営ならではの良さです。

私の運営する施設では、これまで一度も広告宣伝費をかけたことがありません。地域を巻き込んだ取り組みは、施設の宣伝目的で行っているわけではありませんが、結果的に広告宣伝費をかけるよりもはるかに効果的であり、なおかつ利用者もその家族の満足度もさらに高まるのです。

従業員は経営者の背中を見ている

私は施設の創業当初から、従業員とともに現場に出ています。これは、理念ファーストの経営を従業員に浸透させる最適かつ最速な手段です。一点集中経営で限られた人数の職場ですから、経営者の言動が従業員の視界に入りやすい環境にあることもプラスに働いています。

現場主義の経営者は従業員にさまざまな影響を与えます。経営者が従業員と積極的にコミュニケーションを取ることで、自分の仕事に対する責任感が生まれます。これは、経営者が直接従業員を評価することも無関係ではありません。経営者が現場で見守ることで、従業員のモチベーションがより高まるのです。

また、現場でのコミュニケーションを重ねることで、情報共有をスムーズに進めることができ、意思の疎通が円滑になります。従業員が行動指針にそぐわない行動をとったとしても、経営者がすぐに指導やフィードバックを行い、改善することが可能です。従業員はそうした日々の積み重ねによって成長し、問題解決能力を向上させることができます。

経営者が現場に立ち、円滑にコミュニケーションを取ることは、意思決定の迅速化にもつながっています。一般的に大企業では意思決定の遅さが目立ち、決定までのプロセスの煩雑さが指摘されがちです。しかし、経営者の理念が浸透した一点集中経営であれば、意思決定のために多くの時間を費やすことはありません。

大企業の意思決定の遅さは、エンパワーメントの推進の遅れが原因です。私の運営する施設では、すでに私の右腕となるリーダーが育っており、さまざまな業務を任せることができています。リーダーの彼を見ていると、私が利用者やその家族に対してとってきた接し方への配慮を踏襲していることが分かります。リーダー以外の従業員にも理念がしっかり浸透しており、私の介護に対する理念が受け継がれていることを肌で感じています。

毎日、現場で従業員と密接に関わると、職場全体のチームワークも向上します。従業員同士の連携がより強固なものとなり、経営者が見ていないところでも同じ目標に向かって協力し合い、個々人の能力を超えた成果を引き出すことができるようになります。従業員全員が同じ方向を向き、人に感動を与えるサービスを提供できるチームは、経営者にとって理想の形です。

ともに切磋琢磨するなかで想いを共有する

経営者として、従業員には常に100%の力を出して仕事に取り組んでもらうことが理想ですが、実際には知識や技術があれば80%程度の力でも作業としての仕事はできてしまいます。介護の仕事を例にとると、あいさつや笑顔がなくても介助のスキルがあれば利用者のケアはこなせます。しかし、そのような仕事のやり方では、利用者の満足度を高めることはできず、ましてや感動を与えることなどできません。

100%以上の力を発揮するためには、通常運転以上のエネルギーを注ぎ、最善の成果を出すために全力を尽くさなければなりません。積極的に現場の課題に取り組み、自己の能力や知識を最大限に活かすことも重要です。また問題に立ち向かい、最善の解決策を見つけるために、自ら主導権を握って立ち回ることも必要です。

さらに自分の能力やスキルを超えて努力し、新たな高みを目指す姿勢を示すこともあれば、自己の限界に挑戦し、成長を追求することもあります。また、チームの目標達成に対して責任をもち、仲間のために尽力することも不可欠です。

従業員は、今でこそ120%の力で利用者に感動を与える仕事をしてくれていますが、最初から全員がそうであったわけではありません。

勤続10年を超える生活相談員がいます。入社した頃の彼はトゲのある態度をとることが多く、この仕事には向いていないのではないか、想定外の人を採用してしまったかもしれないと感じていました。彼とはぶつかることもたびたびあり、関わり方が難しくて悩む日々もありました。それでも、毎朝クレドカードの復唱に始まり、私の信念を伝えながら、ともに切磋琢磨を続けていくうちに徐々に変わり始めました。

今では愛社精神をもち、自分の仕事に真摯に向き合っています。とげとげしさが嘘のように角が取れて丸くなり、表情が柔らかくなりました。まるで施設のエンターテイナーのように活躍し、いつも現場を盛り上げて利用者を笑顔にしてくれます。また危機管理に長けており、冷静さも兼ね備えて現場の安心安全を守ってくれる大切な存在です。根気よく自分の想いを伝え続けた結果、期待以上の力を発揮し、現場のムードメーカとしてなくてはならない存在に成長してくれたのです。

自分自身がワクワクすることがリーダーの条件

私は創業当初から「日本一を目指そう！」と従業員に伝えてきました。でも、具体的に何の日本一を目指したいのか、伝えている本人が分かっていませんでした。そんなときに出合ったのが大嶋啓介氏の著書『世界一ワクワクするリーダーの教科書』（きずな出版）でした。人間力大學理事長でもある大嶋さんのリーダー論は、「究極のリーダーになるたったひとつの条件はワクワクすること」でした。

リーダーである私が楽しんでいるだろうか？　ワクワクしているだろうか？　元気で輝いているだろうか？　――この本に私自身がワクワクすることがいちばん大切だと気づかされ、経営者の私自身がもっと人間力を高め、人生を楽しんでいる姿を従業員に見せていこうと誓ったのです。

大人が変われば子どもも変わるように、リーダーが自ら変われば従業員も変わります。私がいつも元気で輝き、機嫌よく振る舞えば、従業員はさらに元気よく声を出して利用者に接してくれます。そうすると、利用者もあの人にまた会いたい、あの人と一緒にいたい

図表11　思いやりのない考え

私たちが世話をして
あげているのだから
大目に見てくれるだろう
お年寄りは
何も言ってこないだろう
認知症だから
どうせ分からないだろう

と施設に足を運んでくれるのです。

介護施設で働く多くの人たちは、知らず知らずのうちに自分の機嫌の悪さを態度に出しているように感じます。

図表11に示したように、利用者に対して上から目線のおごった考えが見え隠れしているのです。高齢者だろうが認知症の方であろうが感情があり、感動する心をもっています。機嫌の悪い態度の従業員に介護されて利用者はワクワクするのか、またここに来たいと思うのか、その心の内を想像し、ただ漫然と作業をこなすのではなく、相手のことを思いやる心をもった介護職員

がスタンダードになってくれることが私の心からの願いです。そのためには、やはり全従業員が同じ理念に共感し、同じ方向を向いてお互いを高め合う職場環境であることが必須条件だと考えます。

私は、心がワクワクする介護施設の手本をつくろうと本気で志しています。そして、私たちの元気が日本中の介護施設の手本となり、日本の介護施設全体が元気になれば、日本は変わると信じています。

そのために「日本一元気で輝くスタッフが働く」デイサービスを目指して、元気な朝礼を利用者の前で開いています。毎朝、従業員全員が私以上に元気なあいさつを利用者と交わしています。いつも120％の力を発揮して利用者一人ひとりに向き合ってくれる従業員のおかげで、「このデイサービスに来て良かった」と感動してもらえる施設へと進化しています。

私は、独立の準備をしていた2010年からインターネットでブログを書き続けています。最初は、公私にわたって自分の思いをつらつらと不定期でつづっていましたが、現在は毎週水曜日に更新し、社長としてどういう思いで仕事をしているか、人生をどう生きているのか、ということを記しています。ブログには愚痴や不平不満は絶対に書かないと決めています。一人でも多くの人にブログを通して元気を分けてあげたいと思い、前向きな気持ちを書き留めています。

私自身も週に一度、自分の気持ちを整理するいい時間になっています。こうしてブログというツールを通してメッセージを伝えることも、従業員に想いをシェアする貴重な機会だと考えています。対面で直接伝えることも大切ですが、文字だからこそ伝わる想いもあるはずです。対面であれ、間接的であれ、経営者としてどのような言葉を使い表現すれば、従業員に自分の介護に対するイズムや理念ファーストの想いが伝わるか、ということは常に意識しています。

経営者に強い理念があるかどうか、それを従業員にどのように伝え、しっかり浸透させているかどうか、それによって従業員はどう成長したか——経営者は折に触れて立ち止まり、従業員と向き合う姿勢が大切です。信念が浸透し、従業員と共有できたときには、彼らは必ず期待以上のパフォーマンスを発揮してくれるはずです。

想いが伝われば、従業員は離職しなくなる

毎日、従業員全員で2回復唱しているクレドカードや日々の現場でのコミュニケーション、ブログなどを通して、従業員には常日頃から私の理念を伝えています。

経営者の理念や想いが従業員自身の価値観や目標と一致すると、従業員は自分の仕事に対して意義を感じます。自分が大切にしている価値や信念に基づいて仕事に携わると、愛社精神を強めます。その結果、会社への忠誠心や満足度が高まるのです。

さらに、経営者が明確なビジョンを示し、その実現に向けた熱意や情熱を伝えることで、従業員は会社に貢献したいという意欲を高めます。それによって、中長期的なキャリアの構築や会社の成長に関わることに関心をもち、自分が置かれた環境のなかでの将来的な見通しを検討するようになります。従業員の意識がこの段階までくると、離職率はかなりの確率で低下します。

従業員の離職率が低い職場は、経営者にとっても従業員にとっても、利用者にとってもメリットを生みだします。

・人材採用・育成にかかるコスト削減

採用や新人の育成（研修など）にかかるコストと時間の削減につながります。人材採用のために高い広告宣伝費をかけずとも、口コミや紹介で向上心の高い優秀な人材が集まる可能性が高まります。また、従業員が離職しなければ、業務の引き継ぎや再編成にかかる時間、労力も削減できます。

・チームの安定性と生産性の向上

従業員の入れ替えがないとチームワークが安定し、従業員同士の信頼や協力関係が築きやすくなります。その結果、チームとしてのスキルや経験値が蓄積され、生産性や業績の向上にもつながります。利用者にとっても、従業員の入れ替えがない施設のほうが信頼関係を築きやすいことは明らかです。

・施設のイメージやブランド価値の向上

離職率が高い介護業界において、離職率の低い施設は高く評価され、大きなイメージ

図表 12　離職率低下がもたらすメリット

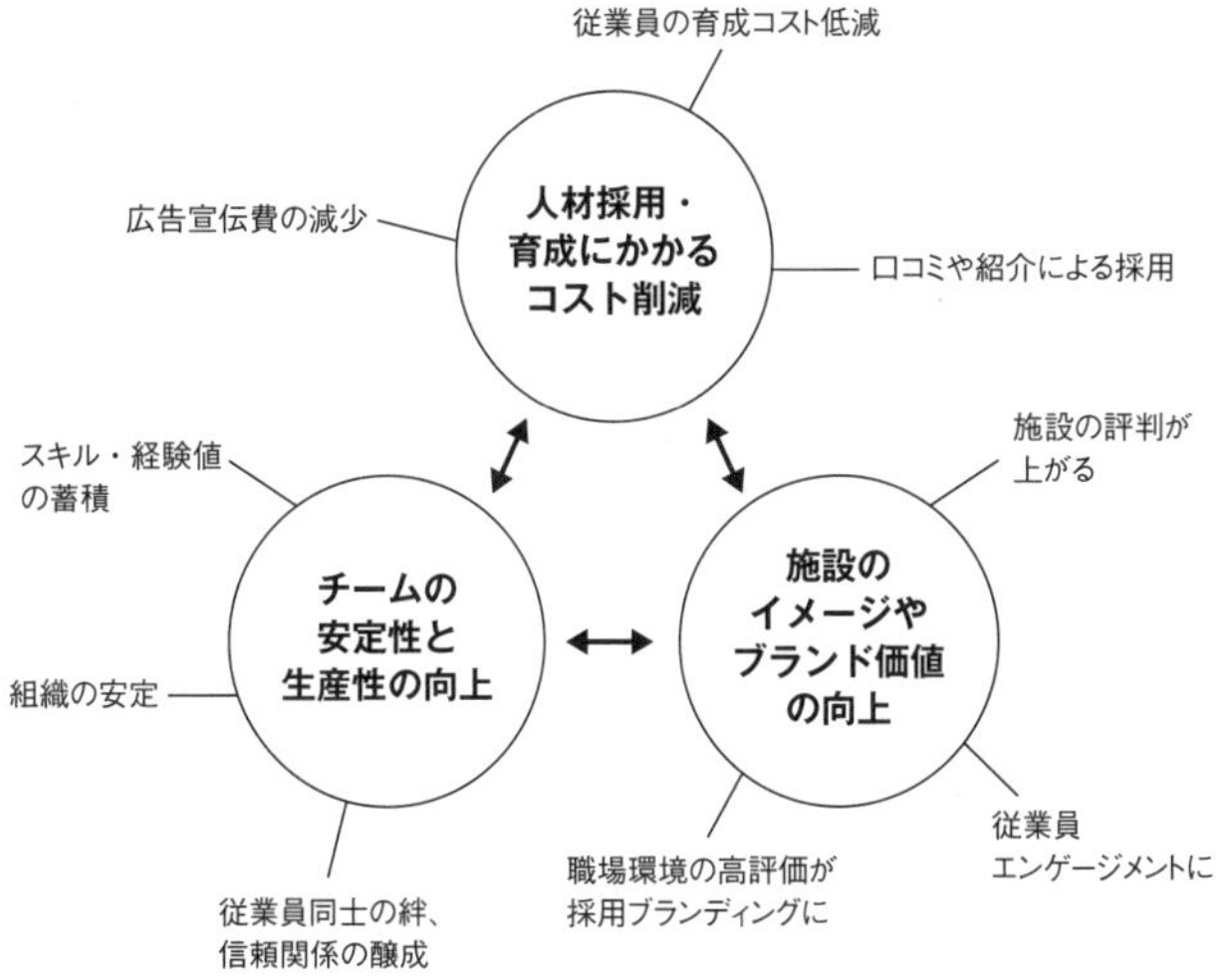

アップにつながります。職場環境の良さ、会社の将来性、社会的意義の高さなどの条件がそろっている職場だと認識され、優秀な人材の獲得がしやすくなるのです。また、ブランド価値が向上すると、従業員のエンゲージメントの向上にもつながり、さらなる貢献意欲をもって働いてくれます。

外の世界を経験して戻ってきた従業員

私が運営するデイサービスは設立から8年間、離職者ゼロでした。なかには、新しい夢を叶えるために一度退職したものの、再び私のもとへ戻ってきてくれた仲間もいます。

実は前述した最初は険のある態度だった、今では勤続10年の男性社員がまさにその仲間です。

私の施設では、集客営業はほとんど私が担っていましたが、従業員にも経験してもらうために、順番に営業に出てもらっています。

この男性従業員にも営業経験をしてもらいました。すると思いのほか契約が取れるようになり、それが自信につながったのだと思いますが、そんなある日、彼から「自分のやりたいことが見つかったから退職したい」と相談を受けました。創業当時からの貴重な戦力であり当然慰留しましたが、私自身も転職や転籍を経て夢を叶えたので、新たな夢を応援することにしたのです。

転職先は、デイサービスではなく福祉用具の営業部門でした。しかし彼は、私の施設にいたときのようには営業成績が伸びず、かなり苦戦したようです。私のもとで営業をしていたときは施設のブランドがすでに確立されていたこともあり、知人などを通して私の施設を紹介された確かな顧客に営業をかければ、スムーズに契約まで進むことが多かったはずです。しかし何の後ろ盾もなく営業をしても、そう簡単に契約は取れるものではありません。そのことに気がついた彼は退職して半年が経った頃「社長すみません、もう一度面倒を見てくれませんか」と連絡をしてきました。

私が背中を押して送りだしたわけですが、「外の世界を見てきて、社長の施設がどれだけ働きやすかったかよく分かりました。もう一生ここで骨を埋めさせてください」という彼の言葉は本心であり、非常にうれしく思いました。こうして外の環境との違いを身をもって経験できたことは、彼のキャリアにとっても経営者の私にとっても無駄ではありません。私の施設で働くことの意義を強く感じて戻ってきたことは、私の施設にとってもプラスであり、あのときに彼の退職を認めたことも間違いではなかったと確信できたのです。

すでに私の施設でお墨付きのキャリアをもつ彼の再雇用は、ほとんどリスクがありません。人材採用や新人研修などの労力も必要なく、メリットのほうが大きかったといえます。

これが大きな組織ならば、出戻った従業員をよく思わない人もいるでしょうし、従業員全員が歓迎してくれるとは限りません。風通しが良い一点集中経営の小規模事業所だからこそ、戻ってくる決断を早急にできたであろうし、私自身も自分の施設の職場環境の良さを再認識できました。

［第４章］

理念ファーストの
介護従事者を育てれば、
利用者を幸せにする
〝本物施設〟が増えていく――

増え続ける高齢者のために何ができるのか

私が経営者として貫く理念ファーストのように、日本の福祉や介護業界に相手のことを思いやる心をもつ人間力の高い人たちが増えていけば、世界の福祉や介護を取り巻く状況を日本から変えていくことができると考えています。

一方で、福祉や介護の本質である相手のことを思いやる心よりも利益重視の介護事業者が増えると、超高齢社会が加速する日本の未来に希望をもつことができなくなります。

介護現場が利益ファーストの業界になってしまったら、利益につながらない面倒なことは後回しとなり、問題はよりいっそう悪化していきます。

介護の最前線に立つべき従業員は、残念ながら人数合わせのように機械的に集められています。それでは仕事に魅力を感じることもなく、離職率が高まり、常に人手不足の状態となり、利用者は質の高いサービスを受けることができなくなります。このように関わる人たちのなかで負のスパイラルが次々に発生し、みんなが不幸になってしまうのです。

大企業による多角経営など利益ファーストの介護事業者が増えている現在、こういった危機に介護業界がさらされています。福祉や介護に関わる人たち、特に経営者は介護で最も優先するべきことを見失ってはいけません。経営者である以上、利益が大切なことも十分に理解できます。しかし、介護の仕事で最も優先するべきことは相手のことを思いやる心をもつことなのです。

僧侶に謝礼として手渡すお布施というものがあります。今は僧侶に供養などをしてもらったときのお礼としてお金を渡すことを指しますが、お布施はもともと金銭のことだけではなく、見返りを求めずに困っている人を助けることすべてを指し、人のためにできることをするという意味がありました。

福祉や介護に携わる人は、このお布施の精神をもち合わせていないと、周りの人たちを幸せにすることはできないと私は考えています。福祉や介護の仕事で利益という見返りをベースに動いているとそこに心が伴っていないことが相手に伝わり、相手は心を閉ざしてしまいます。それでは一向に幸せになるためのサポートはできません。

本来のお布施の精神のような福祉や介護の本質を大切にした経営者が一点集中経営をす

ることで、利用者や家族に寄り添い質の高いサービスを提供することができ、それが結果として利益につながっていくのです。

見返りの利益ばかりを考えて、困っている人に何をするべきかを忘れてしまっている、もしくは最初から考えてもいない介護事業者はいずれ経営が立ち行かなくなる危険をはらんでいることに気づくべきです。

家族の代わりにプロが介護を担うことで、その間、家族は仕事をすることができ、経済活動に貢献することができます。従業員を大切にすれば、誇りをもった仕事により質の高い介護を提供することができます。その結果として利用者や家族が幸せになれば、その介護事業所を利用し続けます。最終的に経営は安定し、従業員たちにも安定した賃金を支払うことができ、離職も減り、現場が円滑に回っていくのです。

介護の仕事で最優先にするものさえ間違わなければ、介護事業者は経営に困ることがなくなり、利用者を中心にすべての関わる人たちが幸せになっていきます。経営者として、この順番を決して間違ってはいけないのです。間違いがないからこそ、私の運営する施設は創業当初とコロナのピーク時以外はずっと黒字経営を続けることができています。

この幸せの循環を築くことができるシステムこそが、一点集中経営なのです。利益ファーストでなく、理念ファーストで一点集中の「本物施設」が増えることによって日本の高齢者が幸せになり、要介護者を抱える家族が安心して健やかに働くことができます。

そして、みんなが幸せになる日本の介護業界のノウハウが世界に広がっていけば、それが有益な資源となって経済発展につながります。介護業界から国が利益を得て豊かになり、それを福祉や介護に還元することで、高齢になっても誰もが安心して暮らせる国をつくることが可能になるのです。

さらに、団塊の世代などこれからの高齢者のニーズはこれまでと異なってくると考えています。利用者や家族からのニーズはさらに多様化していきます。例えば、施設でWi-Fiが使えるか？といった問い合わせをしばしば受けるようになったのは、高齢者の求めるサービスが変わってきた証拠です。そういった利用者や家族に対して、「やってあげている」という上から目線では関係性の構築はできません。そこで新たに必要になってくるのがクリエイティブ力です。

新しいアイデアを生みだすためには介護業界にとどまらず、さまざまな業界の人との交流なども必要になってきます。そのためには、より人間力を高め、人を惹きつけることができる魅力的な経営者が増えていかなければいけないのです。

また、多様化する介護の需要に応えるためには高い人間力をもつ人材が必要となります。高い人間力を育むことができる一点集中経営の本物施設が日本中に増えていけば、私たちが高齢になっても尊厳を保ちながら健やかに暮らし続けることが約束されるのです。

理想を追求して介護業界を変える

超高齢社会で私たち介護職がどうあるべきかについて考えることは、日本の未来を考えることでもあります。経営者であればみんなが幸せになるための経営理念をもって取り組んでいかなくては日本が崩壊してしまいます。

長寿大国となった日本で、長生きは幸せな時間が延びると思えるように、安心して暮らせる社会福祉を充実していかなくてはなりません。現時点の日本は残念ながらそういう状態ではありません。しかし希望はあります。それはこの業界には熱い志をもった理想の介護を追求するお手本となるリーダーや先駆者がいるということです。
私はこの業界に飛び込んだときから理想のリーダーに出会うことができました。私が尊敬するようなリーダーや先駆者が増えれば、必ず介護業界は変わっていき、世界に誇ることができるすばらしい福祉国家になると確信しています。

私が理念ファーストの介護施設の経営者となった過程で強く影響を受けた人物は2人います。

1人目は、30歳を目前にして、祖父の介護経験から介護業界に飛び込んだ私を採用してくれた人物で、特別養護老人ホームとデイサービスを運営していた山田園長です。未経験であるにもかかわらず、いつかは独立して自分の理想とする介護施設をつくる夢をもっていた私は、最短の道として現場で経験を積み、国家資格を取得して経営者になろうと考えていました。
最初に配置されたのは特別養護老人ホームでしたが、現場での働く姿が評価されて、新しく立ち上げた部署のメンバーに抜擢されました。新しい部署でさらなる高みを目指した私は、思いばかりが空回りして疲れ果ててしまい、辞めたいとまで思い詰めてしまいました。そうした様子を見かねた山田園長が私をデイサービスに再配属してくれたのです。これが、私が一生をかけてつくり上げたいと考えた「本物施設」の経営者となる一歩につながりました。

私は、デイサービスでは生活相談員の業務を担うことになりました。生活相談員はデイサービスの利用者や家族、そしてケアマネジャーと面談をして希望や要望を聞き、できる限りそれに応えるために調整する仕事です。在宅介護をしている家族の不安や負担、それを軽くするための在宅支援の重要さなど、介護の技術以上に知識や人間力が試される仕事です。

デイサービスの上司から生活相談員は施設の顔だということを教わりました。それは利用者や家族の味方となり、彼らがいつでも相談できる環境をつくり、信頼関係を築くのが役割だということです。生活相談員として輝いていけば、関わる人たちも輝き、施設全体で輝くことができるというのです。この考え方は今の私の経営理念の土台となっています。

生活相談員として利用者や家族にいちばん近いところで寄り添い「この人たちを幸せにしてあげたい」という気持ちが伝わり、さまざまな問題の解決を通じて、利用者や家族、関わるケアマネジャーが笑顔になる瞬間が喜びとなりました。在宅介護をする家族を含めて多くの人の笑顔を間近で見ることができる「デイサービスこそ私がやりたいことだ」と進むべき道を見つけることができました。

進む道を見つけた私は独立したいと山田園長に相談しました。山田園長は私の本気度を試すかのように、なかなか納得してくれませんでした。そんな山田園長に対して、私が目指す一点集中経営の「本物施設」に対する想いをつづった手紙を渡しました。それを読んだ山田園長は私の背中を力強く押してくれたのです。それは原稿用紙6枚に及び、まさに、このときにつづった思いが経営理念のベースになっています。

もう1人、私が背中を追いかけ続ける人物がいます。クレドカードの導入のきっかけをつくった人で、理想の介護を実践するうえで共感することが多い、プライマリーグループの梅澤伸嘉代表です。

出会いは、梅澤さんの会社に所属する同級生が講師を務めた勉強会に偶然に参加し、彼から梅澤さんを紹介されたことがきっかけでした。彼は介護に特化した多角経営を行っている点で私と経営方針に違いがありますが、私の理念ファーストの想いや一点集中の経営方針に対してリスペクトしてくれています。そして、彼の著書を通じて親に感謝することの大切さを改めて学び、父親との関係性を見つめ直すことができました。

梅澤代表の著書により目を覚ました私は、祖父だけでなく母を早くに亡くして以来、疎遠になっていた父親との距離を縮める努力をしました。すると父親も私に心を開いてくれるようになり、関係性は次第に修復されていきました。今では父親が施設の食堂スタッフとして、私の理想の介護を叶える夢を支えてくれています。

私にとっての理想の介護とは、自分の親を安心してお願いすることができる、あるいは自分の親が「ここに来て良かった」と思ってもらえる介護をすることです。そして、そこで働く従業員も家族のように思いやることができれば、必ず関わる人たちは幸せになっていきます。梅澤代表を通して、自分の親のように利用者のことを思い、家族のように寄り添う介護を学びました。そして同じ業界で奮闘する私に彼は進むべき道を示し続けてくれます。

この二人の先輩たちの背中を見本に私なりに考え抜いた理想の介護が、理念ファーストに基づいた一点集中の「本物施設」をつくることです。共通点は利益ファーストでなく理念ファーストで日本の介護業界をより良くしようと本気で考えていることです。この二人のような人間力の高い魅力的な人物は、志をもつ人間を強く刺激してくれます。そういった業界のリーダーが日本中に増えていけば、決して遠くない未来に日本の介護業界は明るいものになるはずです。

志をともにする仲間の存在

理想とする人物をもつ一方で、志を創業当初からともにしてくれているかけがえのない仲間もいます。取締役は施設の立ち上げから、ずっと私と二人三脚でやってきてくれた大切な仲間です。しかし、ここにくるまでには紆余曲折がありました。

彼は私が介護職に就く前に働いていた段ボール工場の同僚でした。静かでおとなしい性格で、社内の誰とも話すことなく、いつも一人で昼食を車の中で取るような男でした。同級生だったこともあり、勝手に自分を求めていると感じて、彼の車の助手席にズカズカと入って一緒にご飯を食べたり、当時から私が思い描いていた介護職への夢を一方的に語り、聞いてもらったりしていました。自分は介護の道での夢をもったから、もしも何かやりたいことを見つけたら、一度しかない人生だし飛びだしたほうがいいよ、ということをいつも休み時間に話していたのです。そして私は、介護職に就くために工場を退職しました。

3カ月後、彼から電話があり、東京でＩＴ系の仕事をする夢ができたから工場を辞めるという報告をもらったのです。上京して頑張っている間にも何度か電話で相談に乗ってはいましたが、人との関わりが苦手な彼は会社を辞めて地元の群馬に戻ってきました。その頃に彼から会いたいと電話をもらい、再会を果たしました。2年ぶりに会って驚いたのは、工場勤務の頃は体重40kg台のやせ型体型だったのに、不規則な生活で激太りをして体重が3桁近い体型になっていたのです。聞けば、ストレスのあまり東京での仕事を終えると毎晩のように牛丼屋のはしごを繰り返していたのだといいます。

夢を抱いて上京したものの仕事をクビになり、途方に暮れ、この先どうしたらいいのか分からなくなって私に電話をくれたといいます。静かで内向的な彼が、熱くて思い立ったら突っ走ってしまうような真逆の性格である私を頼り、人生の岐路で相談してくれたことがとてもうれしかったのを覚えています。

その頃の私は、組織の介護職員として経験を積みながら、その1年後には会社を立ち上げてデイサービスを設立する準備を進めていました。夢に向かって独立することを話すと、一緒に夢を叶えさせてくれ、と予想もしていなかった言葉を返してくれたのです。私がぜひ一緒にやろうと即答すると、彼は翌日には訪問介護員2級養成研修課程（ヘルパー2級）の講座を申し込み、経験を積むために介護施設でアルバイトを始めました。

こうして彼と一緒に走りだし、私が苦手とする介護事業の指定申請や労務関係の書類作成、経理事務全般を担ってくれました。今でも、毎日現場に入りつつ遅くまで雑務や労務管理もこなしています。彼の存在なくして私の施設はあり得ません。

いつも前向きに頑張って施設の運営を支えてくれる彼ですが、実は東京で挫折を味わったときに対人恐怖症になり、長い間心療内科に通って薬を服用していたのです。

私は、なんとかして彼に服薬をやめさせたいと考えていました。飲み続けることで、さまざまな副作用や身体への影響があると思ったからです。彼自身もやめたい気持ちがあったので、心療内科に私も一緒に同行して医師と相談し、薬をやめるための1年計画を立てたのです。彼に寄り添い、根気よく付き合っていくうちに、薬の量を少しずつ減らすことができました。そしてついに、8年以上飲み続けていた薬をやめることができたのです。

それから約10年の歳月が過ぎましたが、彼は薬に頼らずに今日も私の運営する施設で頑張っています。群馬で再会して私の夢に加わる決断をしてくれたあの日、対人恐怖症にもかかわらず人との関わりが欠かせない介護の道を選んでくれました。

このように、私が大切な従業員の人生にまで寄り添うことができるのは、やはり一点集中経営だからこそだと強く思います。経営者がかけがえのない従業員一人ひとりを大切に思うことで、従業員も信頼を寄せてくれ、愛社精神をもって一生懸命働いてくれるのです。

施設は最高の学び場

私は運営する施設を常に学びの場であるようにもしていきたいと考えています。その考え方でいくと、経営者が校長で、従業員は先生と生徒の役割をその時々で担うとしても、何より教育方針がしっかりとしていなければなりません。そうでなければ先生たちは正しいカリキュラムを確立できず、生徒たちも目的をもって学ぶことができなくなってしまいます。

会社にとってのカリキュラムともいえる経営方針がしっかりしていれば、必ず良い人材が育ちます。私の経営方針は「相手のことを思いやれる心」と、それを実践することができる一点集中の「本物施設をつくり上げる」ことです。このことを先生の役割を担う従業員たちにしっかり理解してもらい、彼らの下につく従業員に教えていくのです。私がトップの立場で従業員に教えることができ、従業員同士で教えたり学んだりすることができるのは、先生と生徒の関係くらいの小さなコミュニティがベストなサイズ感であり、それができるのが一点集中経営なのです。

仮に、多角経営であっても経営者の理念を少しのブレもなく従業員たちに浸透させる方法を知っていたら、私は多角経営を目指していただろうと思います。しかし、利用者と家族、従業員一人ひとりと向き合っていくには物理的な限界があり、介護業界で10年以上施設を経営していても、多角経営のメリットを見つけることはできませんでした。だからこそ、本物施設をつくるためには一点集中経営であるべきだと考えています。

もちろん、私は従業員たちに何かあれば経営者としてすべての責任を負います。「この人がやっていることは正しい」と示すことができる本物のリーダーになることを経営者として目指しています。

介護で世界を変えていくためには、1人のトップがトップのまま君臨するフランチャイズでは不可能です。自らが経営者となり集客のための工夫を重ねて、自分の理想の介護を実践するしかないのです。日本の介護業界の発展を担うリーダーとなり、私の遺伝子を引き継いで、次世代のたくさんの分身をたくさん生みだしていくことができれば、介護現場での悲しい事件は必ず減っていくと確信しています。

超高齢社会に生きる人全員が幸せな世界へ

人生100年時代といわれる昨今、本人がどれだけ努力をしても病気やケガは避けられず、いわゆる健康ではない状態になることは往々にしてあります。しかし、そうした状態になっても人は幸せに暮らすべきなのです。たとえ介助が必要になっても、自分の居場所を見つけて、自分の存在意義を見いだすことができれば、それは本人にとっては幸せで健全な状態であると私は考えています。

「ウェルビーイング（Well-being）」という新しい考え方があります。日本語に直訳すれば「良好な状態」であり、一般的には「身体的、精神的、社会的に健康で良好な状態」だとされています。単純に心身ともに健康なだけではなく、心理的なストレスや孤立感がなく、社会的に生きがいを感じているような良好な状態が保たれていることだと私は考えています。すべてにおいて満たされている広い意味での「健康」であろうとすることで、単なる幸せという言葉とは少し違う、より広域な幸福度を表す考え方です。

この言葉が注目されるようになった背景には、「もの」から「心の豊かさ」へと価値観が変化したからだと考えます。効率や利益などの経済的なものさしを優先してきた結果、格差の拡大や貧困、地球環境の悪化などさまざまな問題が起きました。これらは今までの価値観のままでは解決できない課題ばかりで、新しい考え方を用いることで世界的により良い社会をつくるために変わろうとしているのだと思います。今や日本政府もこの考え方を支持し、各省庁でさまざまな取り組みと対策を始めています。

心は目には見えません。だからこそ、幸せの尺度も人それぞれで分かりにくいものです。この幸福度を今、世界は見つめ直そうとしています。若者を中心にフェアトレードやエシカルな商品の購入といったSDGsの考え方が広まり、社会貢献への関心も高まっています。このことから私たちはどこかで人の役に立ちたいという思いがあり、そうした行動で自分の心が満たされることを知っているといえます。マクロな話になってしまいましたが、ミクロにおいても幸せはもっと身近な社会との関わりのなかにも認められるはずです。

高齢者にとってのウェルビーイングとは、心身の健康状態だけではなく、社会的つながりや生きがいをもつことが重要です。しかし、個人によってその尺度は異なるため、一人ひとりにとっての良好な状態を理解することが、ウェルビーイング向上のための第一歩になります。

高齢者がウェルビーイングでいられるためには、私たち介護スタッフがコミュニケーションを大切にして、生きがいを見つけることをサポートし、孤独感を防いで継続的な社会とのつながりを保つことが大切です。高齢者が自分の存在意義を再確認して自信をもつことができる状態になることが、私が目指すところの幸せなのだろうと思います。

誰もが、高齢になったら誰かのケアを受けることを前提に生きていくことの意味を考えるべきです。たとえ介助が必要な状態になっても、そのケアを受けもつ本物施設が日本中にあることで、本人が幸せだと思える健全な状態で天寿を全うできればいいのだと私は考えています。

これからの超高齢社会で介護の仕事を支えていくには、間違いなく今以上の人材が必要になります。年齢を重ねても幸せな生活を送るためには本物施設が絶対的に必要となるからです。

すでに介護業界で働いている人、これから介護の仕事をしていこうとしている人、そして私のように経営者を目指す人、みんなで本物施設をつくるためには何が本当に必要なことなのかを真剣に考えるときがすでに来ています。今、それを真剣に考えずに、利益ファーストの方向に介護業界が舵を切ってしまったら、本物施設は増えるどころかどんどん減っていき、悲劇的な結末を迎えるであろうことは火を見るよりも明らかです。そんな未来になることは絶対に避けるべきですし、私たちの行動次第で避けられるはずなのです。

日本の未来の明暗を担う介護業界で働く人たちが、そういった危機感をもって、自分がこの業界を変えていくという思いを胸に、未来を明るい方向に変えていってくれることを心から願っています。介護業界から日本を変えていくことが、老若男女を問わず超高齢社会に生きる人全員が幸せになる道なのです。

この思いを胸に私自身も、超高齢社会を支えられる人間力の高い人材をさらに生みだしていきます。そして本書を通して、理念ファーストの重要さをより広く経営者に理解してもらい、本物施設を日本中につくってほしいと考えています。関わるすべての人が幸せになる一点集中の「本物施設」によって介護業界がより発展していくことが私の願いです。それこそが日本の未来をより良い方向に導いてくれると私は信じています。

一隅を照らす

昔の偉いお坊さんに最澄さんという人がいました。この最澄さんが残した「一隅を照らす」という言葉があります。意味は、一人ひとりがその場その場で光り輝くことで、社会全体をよくしていくことができる、というようなことだそうです。

私はこの考え方はとてもいいなと思っていて、自分のような人間にも大きなことはできなくても、光り輝くことで周りの人たちを少しでも幸せにできればと思っています。

私が介護事業所を創業する前、それまで勤めていた工場を退職して介護事業所で働きだした頃に、お金に困って新聞配達のアルバイトを掛け持ちしていたことがあります。この頃はいろいろなことがあって、精神的にも非常に苦しい時期でした。

毎日朝の3時、4時に新聞配達用のオートバイで市内を回っていたときです。真冬のこの時間はまだ真っ暗です。この世のすべてが寝静まっているような静寂のなかで、一カ所だけ、イルミネーションが煌々と輝いている家がありました。

私は一人、そのイルミネーションを見て思わず涙が出そうになるのをこらえながら、くじけそうになっている自分を鼓舞して、頑張ろうと思うことができたのです。

ものも言わず、ただ真冬の深夜に輝き続けていたイルミネーションに救われる人もいるのです。今の私がいるのはあのときの光のおかげです。

そんな経験もあって、私は毎年クリスマスが近づくと、施設の建物をイルミネーションで飾っていました。毎年、点灯初日には地域の人々に参加してもらい点灯式も開いています。前橋市長にご臨席してもらったこともあり、今ではすっかり地域の風物詩になっています。

イルミネーションは夕方から深夜0時まで点灯し、敷地内に自由に入って見学できるようにしています。私の施設は通所介護のため、夕方には利用者をそれぞれの自宅に送り届けます。イルミネーションの点灯時間は施設内に利用者がいないので、防犯上の心配もありません。利用者にも美しいイルミネーションを見てもらえないのは残念ですが、写真を見せるとみな一様に感激してくれるのです。地域の人たちから注目される施設という価値が、利用者の満足度にもつながっています。

私の施設でイルミネーションを実施することで、地域の人たちが立ち止まって施設を見てくれ、この施設はどのような施設なのかと興味をもつきっかけになっています。それはありがたいことなのですが、今後このクリスマスイルミネーションは、自分の施設ではなく、地元である前橋駅前通りのけやき並木で行いたいと考え、有志のメンバーを募って計画を進めています。

私がイルミネーションを灯す主旨は、決して事務所の宣伝がしたいからではありません。たとえ小さな光でも一隅を照らすことで誰かの心に響くことができたら——そう思って、ボランティアでイルミネーションの装飾をすることにしていきたいのです。

イルミネーションと同じように、私の事業所も大きな施設ではありませんが、介護業界の一隅を照らすような存在になれればと思って、奮闘を続けています。

おわりに

かつて段ボール工場に勤務していたときに、工場で事故に遭い休職している間に祖父が急性膵炎で入院しました。祖父は認知症を患い、病院からは家族の付き添いを打診されました。

これが私の介護の原体験です。そのときに初めて、人のお世話をして感謝をされることがこんなにも心を豊かにしてくれるのだということを知りました。あの祖父と過ごした時間は、祖父が私に残してくれた人生最後のギフトです。

一方で要介護の人を抱える家族の現実もまざまざと見せつけられました。祖父が入院した病院のソーシャルワーカーから、急性期の病院ではもう退院してもらうしかなく、今の祖父の状態ではどこの施設も受け入れないので在宅介護で乗り切ってほしい、という申し出を受けたのです。この申し出に私たち家族は、突然、先に進むための梯子を外されたような不安と恐怖を覚えました。ソーシャルワーカーは私たちに最善の策を提案してくれるのだ（本来の役割はそのはず）と思っていた私は、その提案に計り知れない怒りを感じたのです。

このときの怒りが、私が介護の道で生きることを決めるきっかけとなりました。そして、私たち家族のような思いを誰一人にもさせたくないと心に誓って、介護業界に飛び込みました。あれから20年近くが経過しましたが、祖父との最後の日々を思い出すたびに、なぜ、私はこの業界で頑張らなければいけないかということを確認しながら、歩みを続けています。

創業する少し前、早朝の新聞配達と介護の仕事を掛け持ちしていた時期がありました。すでに独立して介護施設の経営者となることを目指していた私は、経営の神様といわれる松下幸之助さんをはじめ偉大な経営者たちの講演会の様子などのデータを携帯型音楽プレーヤーに入れて、経営について学びながら新聞配達をしていたのです。そのなかには大好きな福山雅治さんの楽曲もたくさん入っていました。

ある日、耳元から福山さんの『蜜柑色の夏休み』という歌が流れてきました。子どもが夏休みにおばあちゃんに会いに行く様子を歌った曲です。それまで幾度となく聴いたことのある楽曲でしたが、その日は歌詞の情景がスーッと私の中に入り込んできて、優しく、温かい気持ちになったのです。そして、その歌が再生されている間に自分がこれからつくりたいデイサービスのイメージが溢れるように湧いてきたのです。

みかんの暖かい色、気持ちを穏やかにしてくれる香り、みんなが大好きな果物である「みかん」というイメージが、私に進むべき道を示してくれた瞬間でした。そして「みかんの花」という屋号が生まれました。

いつか、介護業界から日本の未来を変えた介護施設として、私が運営する施設の評判が福山雅治さんまでたどり着いたとしたならば、施設でご本人に『蜜柑色の夏休み』を歌ってもらいたいと思っています。この無謀ともいえる野望は屋号を「みかんの花」と決めたときから抱いているものです。人は「バカなことを言っている」と笑うかもしれませんが、私はいつかこの夢を叶えたいと本気で思っています。

そのために『蜜柑色の夏休み』を聴き、創業時の気持ちを忘れないように、日本の介護業界を背負う経営者として精進を続けていこうと思っています。

砂賀裕一（すなが　ゆういち）
株式会社Precious代表取締役

1978年11月18日生まれ。高校中退後、鳶職・工場勤務・トラックの運転手・パチンコ店店員などの職を転々とする。祖父の介護経験をきっかけに介護現場の現状に疑問を抱き、一念発起し2011年、群馬県前橋市にデイサービス事業所「デイハウスみかんの花」を設立。利用者やその家族、現場で働く従業員の双方に寄り添う経営を続け、離職率の非常に高い介護業界のなかで設立から8年間の離職率0％を達成、利用者の高い満足度を獲得している。

本書についての
ご意見・ご感想はコチラ

本物施設をつくる
一点集中の介護経営

二〇二三年一〇月一九日　第一刷発行

著　者　砂賀裕一
発行人　久保田貴幸
発行元　株式会社　幻冬舎メディアコンサルティング
〒一五一-〇〇五一　東京都渋谷区千駄ヶ谷四-九-七
電話　〇三-五四一一-六四四〇（編集）
発売元　株式会社　幻冬舎
〒一五一-〇〇五一　東京都渋谷区千駄ヶ谷四-九-七
電話　〇三-五四一一-六二二二（営業）
印刷・製本　中央精版印刷株式会社
装　丁　村上次郎

検印廃止

Printed in Japan　ISBN 978-4-344-94727-6　C0034
幻冬舎メディアコンサルティングHP　https://www.gentosha-mc.com/